U0134598

花千樹

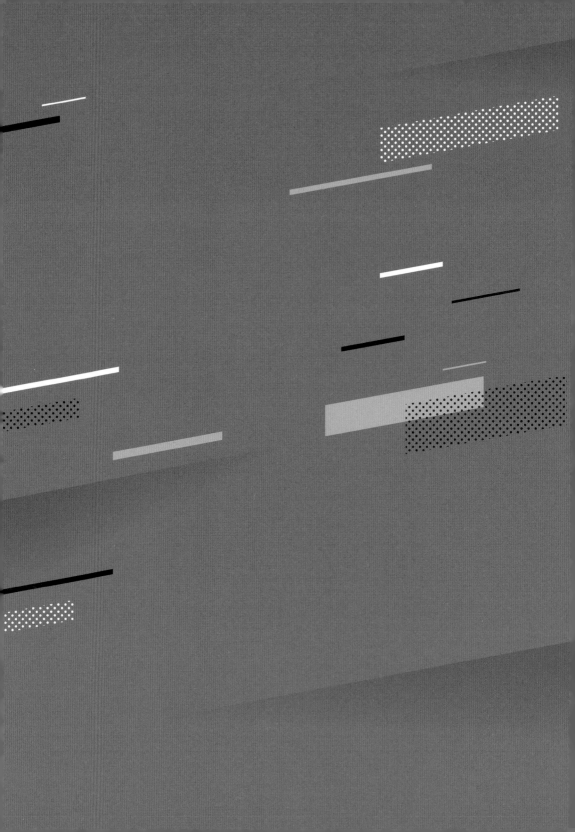

盧綽蘅 著

美國應用運動心理學會註冊顧問（CMPC®）
香港運動心理學會副主席
前香港游泳代表隊成員

增訂版

運動心理學

建立自信，盡展所長

目錄

第一章　運動心理學簡介

第二章　心理技能訓練（一）

增訂版序

轉眼間,《運動心理學——建立自信,盡展所長》已推出五年了!

我依稀記得開始動筆那年,公司還未完全上軌道,全書內容靠公餘時間去完成。太久沒寫中文字,我的心情戰戰兢兢如履薄冰;孤獨寂寞的寫作過程,有血有淚,然後又擔憂這樣冷門的領域能否迎合大眾口味。

書本於 2019 年推出後,我終於鬆了口氣,當時還跟自己說以後不會再寫書,因為要獨自肩負寫十萬字的重任,實在太痛苦了。此外,以往修讀運動心理學均以英文授課,寫一本中文書需要先消化再翻譯,同時也要對本地體育文化有一定的敏感度,再用一些香港人看得懂的名詞,寫了又改,改了又刪,很快我便跌入修文的輪迴地獄。我相信,在外受訓的本地作者都會有類似的體驗。

沒想到此書出版沒多久就收到教育局體育組的訊息,告訴我此書對HKDSE 體育選修科的學生很有參考價值,後來還跟我說了一個令我哭笑不得的事實:DSE 體育科的考生平均成績最不理想的,就是「運動心理」這部分!當然,執筆的初衷不是為協助同學應付考試而寫的,能夠提供一本走實用路線的讀物給學生作為教材,真是無心插柳(這也解釋了為何書中應用練習特別多)。然後,就收到一個又一個讀者的來信,有本地教練、身在加拿大的家長、素未謀面的新加坡運動員、在教育局碰過的體育老師等,如今想來真是喜出望外。

　　而更感動的，就是一眾本地讀者一直陪伴著我成長。我沒有特別關注讀者的年齡層，但我發現學生問的問題，好像在協助我去思考一些更深層次的問題：為何運動員還需要心理學協助？他們不就是世界上最堅強的人嗎？音樂家的心理跟運動員的心理有什麼不同？運動心理學家是否只照顧運動員情緒？每次收到體育老師、圖書館老師的來電邀請到學校做講座，我都會非常雀躍。

　　但單做學校講座並不足夠。既然讀者們能提出這麼多迷思，我就希望盡一點綿力，透過文字去破解當中的疑惑，減輕運動員和表演者的顧慮。感謝各編輯的回饋和寶貴意見，讓《運動心理學──建立自信，盡展所長》以增訂版的面貌再次呈現在讀者面前。

　　而五年後的我，對運動心理學的看法變得不太一樣：運動員和表演者統統是人，不會每分每秒都在追求卓越表現；他們的情緒也會壓心頭，不易紓解，我會在新作《運動心理學2──除了運動員，你還是誰？》中嘗試用多角度去切入，讓大家更能了解他們的「心」酸。

盧綽蘅

2024 年 6 月

Foreword

What a joy to learn that Karen is writing the first Applied Sport Psychology book in Hong Kong for you!

I consider any reader of this book lucky to have a chance to learn from Karen. She is someone who has had personal experience as an elite athlete, pursued an international education to become a Sport Psychology practitioner and had the courage to create an independent Sport Psychology practice in a part of the world where Sport Psychology is just gaining traction. And I must say, Karen is also a person who cares deeply for others. I had the opportunity to know Karen when she was studying her master's degree at Boston University: I was her advisor and professor. I trust that her combination of sport and professional experience paired with good intention (and love) will offer a book worth reading and re-reading.

I care deeply for what Sport Psychology can offer athletes, coaches and parents in my role as professor of Sport Psychology (for the past twenty years), a practicing Sport Psychologist, the 2017–18 President of the Association of Applied Sport Psychology, USA and a CMPC® (Certified Mental Performance Consultant). I have had quite a bit of experience in sport as well, as an athlete. I was a four-year collegiate athlete, rowed for three years on the US National Rowing Team, including the 1992 US Olympic Rowing Team and was a member of the America's Cup Sailing team (1995), the one time that there was a women's team competing against the men. I have personal knowledge of both the opportunities and great distress sport can offer participants, parents and coaches.

運動心理學——
建立自信，盡展所長

I continue to be surprised at the uneven development of sport. There is progressively more attention on the physical training and developing expertise at relatively younger ages. For some athletes, this increased time and money investment in their development results in magnified self-expectation that they will succeed and dominate in their sport. And of course, this can lead to great performance dukkha, meaning debilitating performance anxiety. Younger athletes engage in longer and relatively more training bouts to develop expertise, which amplifies the crushing demand to succeed.

Sport Psychology emerged to help athletes improve performance by helping them make good use of their minds. This book will offer you some of the core, essential ideas of Sport Psychology. Through the ideas and skills you will learn in this book, athletes and coaches will be empowered to perform better via strategies such as:

1. Concentration

2. Poise, meaning cope with difficulty thoughts and feelings (e.g. I am not good enough, I can't beat him!)

3. Adapting and adjusting to elements in the practice and competition venue that support optimal performance

You might think, *Well, yes, but how do I make this happen?* This book on Sport Psychology is infused with ideas to help you or your children in sport. It is important that you pay close attention to the ideas that spark your interest. Everyone won't use all the skills offered and you don't need to! Karen's book invites you to go on a journey of self-discovery. Look for ideas that make sense for you to improve your performance or to support your children or your athletes. My hope for you is this book will both help you get the most out of yourself or your athletes/children so that they can last over time (not get burned out), thrive and ideally find ways to optimize performance and maybe even love what they do.

I will close with offering you some big ideas that may help you get the most out of this book and what Sport Psychology has to offer. The following ideas help offer a framework for the Sport Psychology ideas offered by Karen:

1. You cannot control the "uninvited thoughts" that show up in your mind, nor the thoughts that emerge in your mind when you are not thinking (or using your mind) on purpose. If you can accept that you will have unwelcome thoughts and feelings, and know that these are normal (and often unpleasant when you are under pressure to perform), then you can use the strategies offered in this book to re-focus your attention when your mind wanders (e.g. It is OK to feel this fear, it is normal. I just need to opt to place my mind on... [and Karen will offer many ways to refocus your attention]).

2. You do have control over where you intentionally place your attention. For example, if I ask you to think of a red rose, what happens? Can you see the petals in your mind? Can you see the vibrant red? You most likely were able to focus on this

image because you opted to read this paragraph and follow my suggestion. The same holds true in sport. No matter what you feel, you can choose to place your attention where you want to place it. Dr. Peter Haberl, an internationally respected Sport Psychologist of the US Olympic Committee stated recently (at our national sport psychology conference in 2016), "Attention is the currency of performance". No matter how you feel, you can choose where to place your attention, moment-to-moment. There is no guarantee that it will feel good, but when you let go of the expectation to feel a certain way emotionally, you then are freed up to use your energy for performance.

3. You do not have to be confident. Confidence is beautiful and helpful. But if you are not able to muster up confidence, you can still perform well. It may not be pleasant without confidence. It is hard to tolerate negative feelings and still focus on task relevant cues - but it is possible!

Thank you, Karen, for writing this book. And thank you, for reading this book! Enjoy your Sport Psychology journey. Written with love and appreciation for Karen, a student I came to admire and now deeply appreciate as a thriving colleague.

Dr. Amy L. Baltzell, CMPC®

Cape Cod, Massachusetts, USA
2017–18 President of the Association of Applied Sport Psychology, USA
Editor-in-chief of *Mindfulness and Performance*, Cambridge University Press
Author of *Living in the Sweet Spot*

代序

七年前收到一位年輕人的電話，詢問跟我學習運動心理學一事。當我告訴她我已於 2003 年從香港中文大學退休，從電話另一邊聽到她打從心底裡的失望，我就約她見面，看看可否給她一些忠告。後來才知道 Karen 是前香港游泳代表隊，有豐富的比賽經驗和顯赫的成績，又在香港大學唸心理學，便勸告她不如唸臨床心理學。因為香港體育與運動仍然處於業餘階段，以就業前景著眼，臨床心理學比運動心理學有更多發展機會。談了多個小時去游說她改變主意，卻發現當時她心意已決。這就是 Karen，一個充滿理想和活力的年輕人，或許，我是從她身上看到了自己年輕時的影子。

我想，這個年代在香港這個功利的社會中，堅持理想奮鬥的年輕人真的不多，Karen 的決定令我另眼相看。我告訴她香港並沒有她期望的訓練，建議她到外國唸運動心理學碩士課程。就這一席話，Karen 展開了她追尋理想的旅程，七年後的今天，在美國取得碩士學位，又考取了全球規模最大的運動心理學專業學會：美國應用運動心理學會 AASP（Association for Applied Sport Psychology）的運動心理學註冊顧問（CMPC）® 資格，成為大中華地區第一位獲得這個認證的專家，在香港運動心理學界站穩了腳。

在考取 AASP 的運動心理學顧問資格時，Karen 請求 AASP 准許她在香港實習及進行認證考核，AASP 破格准許，但要求一名在香港合資格的學者作為考察指導，我便成為 AASP 首個非美國本土的考官。與 Karen 一年多的合作關係中，每次跟她討論實習個案時她都盡心盡力，充滿熱誠。

運動心理學——
建立自信，盡展所長

一年過去，我為 Karen 撰寫了一份詳盡的報告給 AASP，確定了她為一位合格的運動心理專家。Karen 從 AASP 認證畢業後，我和她亦變成了師徒關係。

市面上關於運動心理的英文書籍不少，中文原著的應用運動心理書籍卻不多，香港本土的根本沒有。Karen 這一本著作是極具誠意的，也是針對本地運動員、運動愛好者、教練和家長的需要而寫成。我推薦這本書除了因為它是一本好書，亦因為從第一天認識 Karen，便被她的誠意和理想打動，她對運動心理學的熱誠，並從正規路線走向為香港運動界服務，是現時年輕一代少有的。

我是香港運動心理學界別最早回港的專家，亦是香港運動心理學會的創會主席，但真正傳授應用運動心理學的徒弟，30 年來只有 Karen 一個，期望她青出於藍而勝於藍。在此為無數好像 Karen 一樣年輕的香港運動愛好者寄上無限的祝福。

陳展鳴博士

前香港運動心理學會創會主席
前香港中文大學體育運動科學系副教授
前香港浸信會神學院副教授

代序

　　德國學者艾賓浩斯（Hermann Ebbinghaus）曾說過：「心理學有一個悠久的過去，但只有一個短暫的歷史。」運動心理學亦是如此。運動心理學起源於上世紀二、三十年代，隨著體育運動的不斷發展，尤其是競技體育水平的不斷提高與完善，運動心理學的作用日益凸顯，並獲得越來越多的關注與青睞。行顯於外，決勝於心，在競爭日趨白熱化的現代運動競技賽場裡，運動員想要獲得良好的運動表現、取得成功，運動心理學已成為一項必不可少的利器法寶。

　　本書作者盧綽蕎（Karen），一名朝氣與活力十足的香港本土運動心理學者，自美國波士頓大學學成歸來後，一直致力於推廣香港本土運動心理學的應用與發展，並成立了香港個人運動心理學顧問公司。十數年的運動員生涯經歷令 Karen 在其運動心理學的應用實踐中如虎添翼、頗具心得。短短數年，她已與香港多個運動項目及運動隊伍合作，提供專業的運動心理服務。如今，Karen 結合自己的知識背景及已有的工作經驗，結晶成書，以冀造福眾人。

　　本書不但介紹了運動心理學的定義、運動心理從業者的培訓發展、運動心理學在香港及其他國家地區的發展概況，同時對一些重要的心理技能及團隊心理結合實例個案作分析。除此之外，本書還從運動社會心理學的角度給予教練和家長許多寶貴的知識與建議，並講解了青年運動員的正向發展，以及體適能心理學。

　　此書著眼於專業知識的傳播，落腳於學科文化的推廣。相信運動心理學初學者及對運動心理學感興趣之人定能從中有所收穫。

姒剛彥博士

香港體育學院運動心理學部主任
前國際運動心理學會主席
前香港教育大學健康與體育學系副教授

代序

　　我很高興為香港著名運動心理諮詢師盧綽蘅小姐的新書《運動心理學——建立自信，盡展所長》撰寫序言。盧老師為前香港游泳代表隊成員，曾獲香港業餘游泳總會及香港體育學院頒發傑出游泳運動員獎、優秀運動員獎等殊榮。後來入讀香港大學社會科學系，主修心理學；畢業後拿到美國波士頓大學獎學金，攻讀輔導及運動心理學碩士課程。嗣後，更成為大中華地區第一位 AASP 認證的運動心理學註冊顧問（CMPC）®，並在香港成立運動心理學顧問公司（Inner Edge Limited），為香港及大中華地區選手服務，並獲得許多好評與績效。

　　這本書內容豐富完整，主題包括運動心理學內容與範圍介紹、心理技能訓練、團隊心理學、運動社會心理學、運動參與和青少年品格發展，以及體適能心理學。整本書架構完整，章節分段頗有系統和條理，是從事競技與體適能運動參加者、教練、體育老師和體育科系學生最佳的參考書籍。許多初學者想了解什麼是運動心理學，在這本書可以找到答案。許多運動員和教練想知道用什麼方法提高運動表現，這本書提供了許多具體方法和例子說明。運動教練、體適能指導老師、體育領導者想學習和提高運動團體和代表隊績效與動機，這本書提供了理論和實務說明。許多家長、體育和教育學者想了解競技與體適能怎樣幫助青少年，這本書也有深入淺出的講解。

　　我和盧老師曾多次接觸，除了在多個國際運動心理學研討會上交流、透過私人電子書信來往、在社交媒體互動，以及閱讀她在香港平面和電子媒體的訪問外，我亦曾於 2016 年拜訪她的運動心理學顧問公司。對於她的運動心理學素養與服務非常了解。她是一位具有多方面才能的運動心理學諮詢老師，除了為香港及大中華地區選手提供心理服務外，對於推廣和研究運動心理學的工作亦不遺餘力，難得的是她中英文俱佳，聽、説、讀、寫皆流利，可為外籍運動員進行運動心理學服務和上課。她曾多次在香港的電視台、電台、報章雜誌等進行運動員競賽心理分析，解答一般民眾對體適能心理的疑惑。她是近幾年來在兩岸四地（港、澳、台與中國內地）迅速崛起的運動心理學青年才俊之一。藉此書出版前夕，簡述幾句。除鼓勵她的用心外，希望透過她的新書出版，能夠提高運動心理學在華人地區的學術水平。

盧俊宏博士

亞洲暨南太平洋運動心理學會副理事長
前台灣運動心理學會主席
台灣中國文化大學體育教練研究所教授兼所長

代序

「我今天打得很有火,好有感覺!」

「心理質素」是運動員和教練經常掛在口邊的一個常用詞,大部分運動參與者也認同心理質素的重要性,但有多少運動員或教練會把心理質素科學化,並訓練心理質素呢?不少人又把「心理質素」與「狀態」畫上等號。顧名思義,狀態有好有壞,但它來去自如,總教人捉不到、摸不透。另外有些人則認為「心理質素」體現於運動員的「氣勢」,所以賽前鼓舞士氣的話(pep-talk)非常重要,而此任務應落在很會説話的教練身上。

以上的理解不無道理,亦確實有其智慧,但我們同時可以從科學角度了解心理質素。每個人的思想及感受各有不同,有別於自然科學,我們不能盡以千篇一律的方法,為每一個運動員設計出一套必勝的心理方程式。透過運動心理學,運動心理學家卻可以用社會科學的方法,將心理學及運動科學結合,繼而有系統地探究提升運動表現的心理元素。時至今日,已有大量研究數據及運動員的親身體驗,證明了心理質素的「可訓練性」。回應以上例子,鼓舞士氣的説話的研究眾多,學術研究中亦有講述它如何有效地改善運動員的自我談話,提升其自信心、參與動機及自覺能力等。

十分高興見到由本地專家撰寫的運動心理學書籍,更可喜的是,能有本地出版社主動邀請並出資支持。可見過去十多年運動心理學在香港的發展漸漸得到肯定。過去一段日子,公營機構如香港體育學院及各大專院校的體育系,一直帶領著運動心理學在香港的發展。隨著運動心理學者和專

家的服務變得多樣化，社會及市場日漸成熟。今日，我們已見到公私營服務雙線發展的雛型，而本書作者 Karen 有著其重要的角色。作為大中華地區（香港、中國及台灣）首位美國應用運動心理學會認可的運動心理學註冊顧問（CMPC）® 及香港運動心理學會（HKSSEP）的副主席，Karen 在過去四年以私人執業形式，協助不同程度的運動員及表演者提升表現。她不單成功開拓了運動心理學的私人市場，亦將其服務及知識透過不同渠道推廣到社區。相信此書將會是其中一個有效的試點。

在學會及其他平台的合作上，我感受到 Karen 對運動心理學的熱誠及投入。除了上文有關提升表現的應用運動心理學內容，Karen 更加入了體適能心理學、家長及教練的運動心理學及正向青年發展的研究和實踐。此書十分適合大、中學生，以及體育老師、家長、所有運動愛好者閱讀。相信大家能透過它，打開自己在運動心理學的新一頁。

李軒宇博士

香港運動心理學會主席
香港體育學院高級運動心理副主任
澳洲、香港心理學會註冊心理學家

代序

運動是一種藝術，它以身體動作展現技術，但影響最終成績的，卻是看不見、捉摸不到的內心。當過教練的都知道，訓練運動員的最大困難不是技術指導或是體能訓練，而是怎樣令運動員對運動項目產生濃厚興趣和追求目標，在艱苦訓練時保持訓練熱誠，更重要的是在比賽時能發揮他的個人最高水準。

無論是學習、比賽表現，或是與教練、隊友、比賽對手相處，運動員都很受個人性格影響。在訓練或比賽場上的行為和表現，例如振奮、緊張、怯場等，是他個人「人性」、「內心」的表現。但「內心」是奇妙的。運動員有時會很振奮，有時卻會很洩氣；同一個人，有時比賽會有超水準的表現，亦有大失水準的時候。作為教練，我個人認為了解運動員的心理，在需要時協助他保持追求成功的慾望，保持訓練的激情，比賽時保持正常表現，遠比訓練技術、體能來得重要。

運動訓練和競技包含的知識非常廣泛，現代教練已經認識到「運動心理學」是知識中非常重要一環。要了解運動員，使運動員保持熱誠，在運動員失落時提升他的信心，要他在面對重要比賽時不要怯場等，運動心理學可以給教練和運動員很大的幫助。

作為總教練，我需要認識及觀察每一個游泳員，而 Karen 亦是我培訓下其中一個傑出的選手，在我管轄下接受訓練及參加國際比賽，可惜退役得比較早，實在是香港游泳界的一個損失。幸好她並未有完全脫離這個圈

子，雖然她沒有再以運動員身份為香港效力，但選擇了用另外一種方式為香港競技運動整體作出更大貢獻。Karen 結合運動員的經驗和學問上的專業訓練，加上她個人的努力鑽研，相信她已累積了解決運動員心理的能力和心得，一定可以幫助到很多教練和運動員。

　　Karen 更進一步，把知識、經驗和心得集結成書，相信本書可提供大量知識，協助教練和運動員更有效地發揮才能，爭取更好成績。我深信本書對香港的運動發展也有很大的推動作用，能為本書寫序，確是我的榮耀。

陳耀海先生
前香港游泳代表隊總教練
香港四屆奧運游泳代表隊教練
（1996 亞特蘭大奧運、2000 悉尼奧運、2004 雅典奧運、2012 倫敦奧運）

代序

和 Karen 結緣於 2013 年春。

當年正忙於帶領香港棍網球男子隊備戰 2014 年夏天在美國丹佛舉行的世界錦標賽，從加拿大聘請回港的資深教練便誠邀 Karen 提供運動心理學的專業協助，邀得這名青春開朗的漂亮女孩，真是沒有比這更好的了！

沒記錯的話，香港棍網球代表隊算是 Karen 第一個隊制運動的「客戶」。在一年多的時間裡，我們著實經歷了不少，苦樂參半。稍有輔導學背景的我非常認同心理質素對運動員有決定性的影響，但要真真正正的在球隊中實踐卻是另一回事。儘管球員大都是大學生或已在社會工作，具備良好的學習能力，但在球場上不是發揮唯我獨尊的霸氣（自以為是）、表現性格巨星的特質（情緒不穩），就是未有突破的能耐；當 Karen 為球隊注入運動心理學的元素時，大多數運動員都表現得不太踴躍，甚至嗤之以鼻。經過差不多半年的堅持，舉辦了多次工作坊及與運動員個別對話、與教練商討協助運動員的發展對策，成效才漸漸浮現。在世錦賽首兩場異常緊湊的比賽裡能夠在最後關頭反敗為勝，與提升球員整體的心理質素不無關係。Karen 作為隨隊運動心理學家，是教練團隊之中其中得力的一員，最終球隊在 38 支勁旅中排名 21，全亞洲中排名第二，僅次於日本，成績是歷屆最好。

　　知道 Karen 決心全職以推廣運動心理學為己任時，的確為她擔心，同時也很欣賞她的衝勁和使命感，實在沒有不支持的理由。非常感激 Karen 願意為我們球隊繼續效力，我敢說此書一定是我看過最有誠意的著作。

侯仲銘先生
前香港棍網球協會主席

作者的話

　　由我四歲開始習泳，到 10 歲開始在游泳屬會、體育學院兩邊進行訓練，以及代表香港出賽，直到退役的整整 12 年運動生涯裡，從沒聽過「運動心理學」一詞。

　　或許這引證了九十到千禧年代，這個市場在香港，甚至亞洲地區是多麼的不成熟。早前到丹麥參加高峰會，住在一位老婆婆家裡，婆婆問及我到當地的原因，繼而追問：「所以你會協助運動員提升運動表現，對吧？」隨隊到美國、紐西蘭比賽時，跟當地人討論工作，他們也會問：「那你是跟香港隊，或是業餘球隊合作？」相反在香港，就算是體育界人士亦會感到疑惑：「沒聽過，是什麼來的？」甚至有人調侃說：「處理有精神病的運動員嗎？我也有問題，讓我來找找你！」兩者在教育層面明顯有落差。

　　記憶中當運動員時，比賽成績往往低於平素訓練。雖身經百戰，但總會在比賽前一夜緊張到徹夜不眠。由最初以為自己在游泳方面或許有少許潛質，到比賽時往往發揮不出水準，繼而覺得自己沒有能力再作出任何突破，便選擇退役。出於好奇，從網上找尋有關運動員處理壓力的資料，才發現原來運動心理學這門專業在西方國家十分盛行，頓時慨嘆當了運動員這麼多年卻對這個範疇毫不了解。它，並不是只為有問題要去看精神科醫生或臨床心理學家的運動員而設；它，原來不限於學術研究，亦提供最前線跟運動隊伍出賽作臨場諮詢的工作；它，圍繞的問題非常廣闊，並不一

運動心理學——
建立自信，盡展所長

定限於賽前緊張，當中由運動員於球場內所需要的專注力、情緒控制、面對落後局面時調整想法及策略，至球場外如何渡過低潮、運動生涯及規劃過渡期的處理、運動員與教練及家長的關係、跟個人成長與發展有關的宏觀議題等，都與運動心理學有關。運動心理學的議題多不勝數，還未包括運動對心理、社會文化的影響等。

在運動這個寬闊的跑道上，我深知這個領域未盡開發，因而堅決走上這一條冷僻的「表現及運動心理學」道路，並以此為職志，希望將個人的精英運動員及學術經驗和補救辦法分享給表現及運動路上屢敗屢戰的朋友。他山之石，可以攻錯！

踏上這條路確是一個極具挑戰性的考驗。當時隻身到美國修讀碩士課程，11 位同學當中只有我一個亞洲人。美國在體育發展事業上領先全球，而且對運動心理學的認受性及科研發展也非常成功，當地同學對運動心理學的作用亦有一定了解。我非常羨慕他們之外，亦感嘆香港的體育發展緩慢，為本地運動心理學前景感到迷惘。

回港後，決定開始以推廣運動心理學為目標，最初於 2014 至 2015 年為運動雜誌《運動版圖》（Sportsoho）及 2015 至 2016 年為 Asia Trail 擔任其運動心理學專欄作家開始，並接受了對運動心理學有興趣的各大傳媒及機構訪問。及後被邀約參與劍橋大學教科書 Mindfulness and Performance

（2016 年 1 月出版）撰寫內容，成為該書聯合作者之一；後來又應花千樹出版有限公司邀請，撰寫本地第一本應用運動心理學書籍。本人所以願意投入大量精力去開墾此一荒土，是希望打破一般人對運動心理學的迷思，將這一門嚴謹的科學帶給大家，以喚起廣大運動朋友的關注和參與。是故本人不吝淺薄，毅然決定拋磚引玉，執筆編撰本書。其目的有二：

1. 希望藉此引起社會大眾對運動心理學的關注，鼓勵更多人投入和參與，使任何參與運動的朋友都認識到本學科能為他們帶來更多的正面影響；

2. 希望本書能向讀者初步說明本學科涵蓋之內容和應用。簡單易明的文字，讀者或能學以致用，小試牛刀，試驗一下運動心理學的威力。

　　但要用一本普及版的出版物去描繪一門發展迅速而專門的科學是非常困難的。在運動心理學發展多年的外國，類似出版物也不多見，所以本書所涵蓋的內容也只是向讀者說明運動心理學入門的概念和應用。且由於篇幅所限，眾多範疇如團隊心理學、領導、團隊精神、團隊溝通、動力、凝聚力、運動員的角色與發展等，本書都未及一一介紹，只待日後有機會再與讀者分享。

　　撰寫本書的過程中，得到 Dr. Amy L. Baltzell、陳展鳴博士、似剛彥博士、盧俊宏博士、李軒宇博士、陳耀海先生及侯仲銘先生的指導、協助、鼓勵及賜序，更使我這個後生小子在充滿關愛下勇往直前，為此奮鬥。

　　感謝您閱讀這本《運動心理學——建立自信，盡展所長》，希望您在旅程中有所得著，更希望您將讀後心得不吝賜教。

　　謝謝。

盧綽蘅

美國應用運動心理學會註冊顧問（CMPC®）
國際運動心理學會註冊運動心理學家（ISSP-R）
Inner Edge 運動心理學公司董事
香港運動心理學會副主席
香港嶺南大學應用心理學碩士課程諮詢委員
中國香港運動醫學及科學學會運動科學研究委員會委員
美國應用運動心理學會國際關係委員會主席

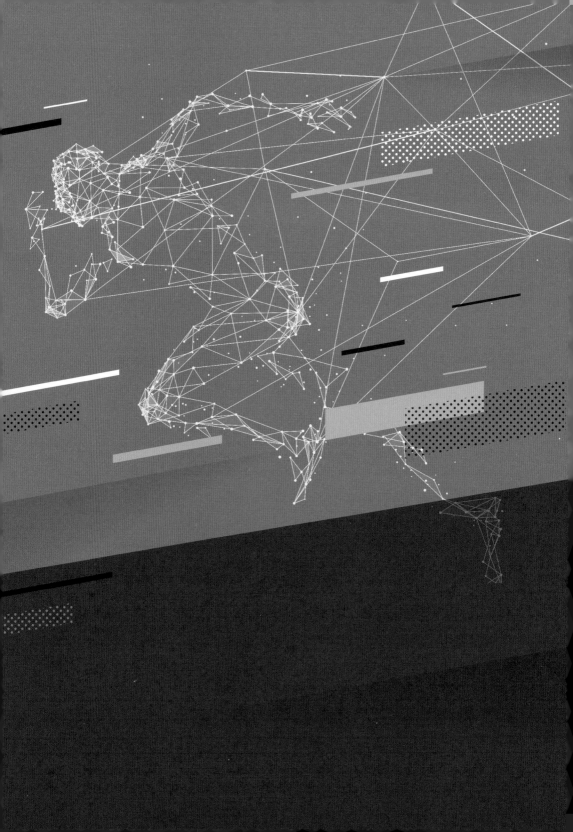

第一章

運動心理學簡介

看完這個章節，你將會明白：

- 什麼是運動心理學？
- 一般人對運動心理學的誤解
- 運動心理學家的工作及常遇到的問題
- 運動心理學、體適能心理學及表現心理學的異同
- 運動心理學在香港與外國的概況及專業發展方向
- 哪些著名運動員有聘用運動心理學家？

「運動心理學」一詞，是運動愛好者經常提及的。可是在香港，運動心理學只聞其聲，不見其形，一直沒有受到關注。相反在外國，相關的研究及應用早已大行其道。這麼大的反差下，不少疑問及誤解在坊間形成。究竟運動心理學是什麼？

　　時至今天，在香港以「運動心理學」專業為終生職志的朋友可說是鳳毛麟角。究其原因，皆因此專業普遍不為人識，不但無從使大家了解此專業並產生興趣，更遑論會有很多人毅然投入此冷門的專業。這正是筆者不辭勞苦執筆撰寫此書的原意，希望能拋磚引玉，為大家提供一個初步的概念。

　　本章會釐清大家對這個行業的誤解，講述「運動心理學」的定義、歷史、發展及世界各地有關的組織和規模，相信讀者定會發現這是一個方興未艾、充滿發展機會而有趣的行業。

運動心理學——
建立自信，盡展所長

第一節
運動心理學的謬誤

不知大家聽到「運動心理學」時，會想到什麼？

2016 年夏天，筆者被邀請到某電台當節目嘉賓，專訪期間被主持問到：「你平常會否像『無間道』電影裡的陳慧琳那樣穿上白袍，叫客戶睡在沙發上，用催眠手法幫助病人？」

「你有否接觸過一些『不聽話』的運動員？你會怎樣做？」

直到現在，筆者對這兩條問題依然記憶猶新。也許，這就是一般人對心理學的看法，而心理學家一貫給人一種神秘感。筆者根據數年來與不同運動員、體育總會教練的交流及分享，得悉一大堆大家對此行業的誤解，希望透過以下 15 個誤解，解答大家對運動心理學的迷思。

誤解 1：「運動心理學」主要是服務「心理有問題」的運動員。運動員如覺得有心理問題或心理不穩定，可以去看運動心理學家。

答： 應用運動心理學的最大宗旨是提升、維持及恢復運動員的運動水平。所以這門科學適用於所有運動員，絕對不是留給「心理有問題」的運動員。顯然很多運動員都被「心理學」這三個字嚇怕了，特別是對男生來說，看「心理學家」會被視為懦弱，擔心自己會受到歧視或被標籤而不敢求助。

正如運動員看營養師並不代表他們體重超標，去看物理治療師也不代表有傷患，所以看運動心理學家也不代表心理有問題。運動員跟筆者進行諮詢有三個主要原因：

（一）透過與運動心理學家溝通，培養批判性思考，獨立處理比賽場地內外遇到的問題；

（二）深入了解自己的想法及感受，找出自己最深層次的問題；

（三）有系統地運用心理技巧，提升臨場發揮。

如果運動心理學家發現運動員情緒不穩定，以至影響作息時間，甚至日常生活等，這可能已涉及運動表現以外的範疇，此時運動心理學家會先評估運動員的情況，再按嚴重程度轉介給其他相關專家（如臨床心理學家、精神科醫生等）接受治療。所以，見運動心理學家的運動員千萬不要覺得自己是「有問題」的一群，尋求協助是正常不過的事。

誤解 2：運動心理學家為運動員提供心理治療，適當地調整賽前、比賽失敗後及治療傷患過後的心理狀態。

答：運動心理學家提供的是心理諮詢而不是治療，不過，這並不代表只是在賽前、傷患或「失敗」後才需要諮詢。調整心理的技巧跟學習球技一樣，需要長時間訓練，這樣運動員才能於比賽中有效地把技巧應用出來。運動心理學是運動員需要認識的一個重要範疇，在平日也要不斷學習及應用，所以運動員不應「臨急抱佛腳」，覺得「有需要」或臨近比賽時才去求助。外國運動心理學家亦指出，若球隊打算加插運動心理學計劃，最好於球季開始前實行，才能發揮最大用處。

誤解 3：它是精英運動員的專利。假如運動水平不夠高，運動心理學亦無用武之地。

誤解 4：它是用來協助業餘、沒有足夠經驗或缺乏信心的運動員。

答： 誤解 3 和 4 的解答與誤解 1 相似。運動心理學適合所有追求進步或改變的運動員，沒有分程度和級別。不論是精英運動員還是業餘運動員，經驗豐富還是缺乏經驗的運動員均可以受惠。再者，業餘運動員面對的壓力不一定比精英運動員少，只是壓力來源不同。例如，業餘運動員面對的可能是平衡學業、工作及運動而產生的壓力，但精英運動員的煩惱可能是圍繞獎金或出賽機會的問題。因此，不單是精英運動員，業餘運動員亦可以尋求運動心理學家的協助。

誤解 5：運動員比賽失準、臨場發揮不夠好主要是因為心理質素不好。只要平日加強訓練、提升技術及體能、多比賽，心理質素就會變得穩定。

答： 首先，比賽失準、臨場發揮不夠好的原因有很多，例如心理質素不夠好（自信心不足、缺乏集中力等），技術不夠穩定，都可以是比賽失準的原因。

加強平日訓練、提升技術及體能、多參加比賽的確有助提升心理質素，因為訓練多了，技術純熟了，自信心亦有可能會提升。不過技術跟心理質素畢竟是兩種不同的技巧，所以要心理質素保持穩定，還是要靠長年累月的心理訓練，而不是光靠磨練技術。

誤解 6：心理訓練只能有限度地幫助運動員改善心理質素，並不能取替技術訓練。

答：沒錯，技術訓練永遠不能被心理訓練取替，如果沒有足夠的技術及體能，運動員的水平根本無法提升。不過，心理訓練最大的功效是找出問題的根本。例如，運動員於練習中欠專注力，可能是因為功課趕不上。除了提升心理質素，亦能透過訂立目標或意象訓練（詳見第二章〈心理技能訓練（一）〉）等強化及穩固技術，從而提升技術水平。

誤解 7：運動心理學家跟運動員進行的心理訓練只是情緒管理、訂立目標等技巧。若教練懂得這些技巧，便不需要運動心理學家的協助。

答：一般教練培訓課程包括基本心理學訓練，所以許多教練誤以為只要自己掌握這些基本技巧，便不需要運動心理學家的幫助。然而，這是一個錯誤的觀念。因為他們忽略了運動心理學家於團隊或運動員個人發展中的角色。運動心理學家不只提供心理技巧訓練，亦會處理人際關係，當中包括教練與運動員的關係、運動員之間的關係等，亦有些運動心理學家會以心理技巧提升教練水平，藉此改善教練與運動員之間的溝通方法，令運動員有更正面的發展。所以，認識基本心理學的教練並不能完全取代運動心理學家的角色。

誤解 8：假如對心理技巧訓練有一定認識，參與運動心理學有關的活動或約見運動心理學家會變得多餘。

答：最普遍的運動心理學活動包括個人諮詢及工作坊。工作坊主要是知識傳播，運動心理學家會舉辦講座或工作坊教授不同心理技巧，亦會透過角色扮演讓參與者嘗試輔導運動員。曾經有位中學籃球隊教練告訴筆者，球隊往往在比賽時缺乏自信，影響表現，於是筆者透過工作坊

傳授提升自信心的方法供球隊及教練參考。不過，這種教學模式有它的限制——這是一個單向的教導方式，並不能有效針對問題根本。

個人諮詢則較有效地找出服務對象最根本的問題。於輔導過程中，運動心理學家並不是在「教」運動員或給他意見，而是在溝通期間，以問答方式了解運動員的背景及問題，引導運動員找出最核心的問題，從而找到方向及答案。運動員是抱著改變的心態，主動和積極尋找解決問題的方法。比如說，運動員於個人諮詢裡與筆者討論自信心的問題，如果筆者立刻教導該運動員一些提升自信心的方法，其實是一個治標不治本的方法：

（一）運動心理學家已經完全相信及接受運動員的看法，沒有仔細聆聽及分析其背景便跳到諮詢的最後一步；

（二）運動心理學家容許運動員「診斷」自己的問題。

以上述籃球隊情況為例，運動員缺乏自信心的原因眾多，例如教練過分嚴厲使運動員不敢於比賽中犯錯、運動員曾經被隊友嘲笑及欺負、訓練時經常面對比較的壓力，或是父母寄予厚望，覺得比賽成績不好就不要再浪費時間等。透過諮詢，運動員或會發現並不是單單做一些提升自信心的練習便可改變，而是要令教練了解自己的想法後一起制訂共同目標，跟家長討論做運動的目的，或是爭取一個自己嚮往的練習環境。所以，即使運動員從工作坊認識到不同的運動心理學技巧，約見運動心理學家亦會有所得益。

誤解 9：運動心理學家會運用催眠方法治療運動員。

答： 運動心理學家大多會以輔導形式協助運動員提升表現。輔導是指透過面談收集運動員資料，找出問題癥結，並制訂計劃以協助運動員作出改變，從而減低運動員的困擾。輔導形式有很多種，常見的有認知治療（cognitive therapy）、行為治療（behavior therapy）、遊戲治療（play therapy）等。而催眠只是其中一項治療方法，並不是唯一的治療手法。

誤解 10：靜態運動（如桌球、高爾夫球等）比其他動態運動（如足球、游泳等）更需要運動心理學。

答： 沒有一項運動比其他運動「更需要」運動心理學，只是不同類型的運動有不同的心理需求。例如體操運動員比較著重專注力的訓練，長跑運動員比較需要處理痛楚的心理技巧，射擊運動員可能比較重視情緒控制等。

誤解 11：運動員及運動心理學家的關係猶如好朋友。

答： 運動心理學家並非運動員的朋友。專業人士和朋友的角色不同，朋友之間會給予意見或建議，但專業人士需要中立地評估個案，再協助運動員自己解決問題。所以運動心理學家要認清界限，尤其跟隊伍有長期合作時，應以運動員利益為大前提。假若運動心理學家跟團隊裡某些運動員關係比較好或過分熟絡，反而會增加出現分歧的機會，影響整個團隊。所以從專業角度著眼，運動心理學家跟物理治療師、教練及其他隨團工作人員不同，需要跟運動員保持適當距離。運動心理學家亦要尊重運動員的私隱，不能向別人披露他們的個人資料。即使運動員是經教練介紹作個別諮詢，教練亦無權干涉或過問諮詢內容。

誤解 12：運動心理學家即是心理醫生？

答：事實上香港並沒有「心理醫生」這個專業，大眾口中的「心理醫生」，一般是指精神科醫生（psychiatrist）或臨床心理學家（clinical psychologist）。兩者的分別在於能否使用藥物治療。前者會處方藥物給患者，後者會用心理學原理（如研究思維、情緒、智力等）作出評估及治療。可見，運動心理學家並不是精神科醫生。雖然他們跟臨床心理學家的角色比較接近，都是以「談話方式」處理問題，可是臨床心理學家處理的問題主要圍繞抑鬱、厭食症、創傷壓力症候群、藥物濫用等症狀，與運動心理學的專業範疇不同。

誤解 13：心理質素好 = 需要有正面思維

答：建立良好的心理質素並不等於只能擁有正面或快樂的想法。思維過分正面或思維過度消極和負面同樣不健康。要建立更強的心理質素，正確方法是要訓練理性的思考模式，令自己的想法更實際。

誤解 14：心理不夠強就代表心理很弱。

答：世界上並非只有「心理強」或「心理弱」兩類人。每個人都有心理強的一面，各人也有能力變得更強。就像體能訓練一樣，心理質素亦需要持續鍛煉及練習。比如說有些人下半身的體能較上半身強，有些人右手比左手有力。同樣，有些人可能在專注力方面相對突出，但在壓力管理方面比較弱。要提升心理健康，就要強化我們表現得比較弱的地方，以及維持或提升表現強的地方。

誤解 15：如兩位運動員跟隨同一個教練進行訓練，擁有一樣的技術水平、
**　　　　年資、身體條件等，那麼心理質素就有決定性的影響。**

答： 筆者認為這是哲學裡的套套邏輯（tautology），意思是那是在邏輯上
　　 永遠成立，並不能推翻的句子。一個運動員的臨場表現取決於以下因
　　 素：技術、天賦、身體條件、心理質素、策略和運氣等。心理質素是
　　 其中一個影響運動員表現的因素，所以如兩位運動員的情況、條件均
　　 無差異，心理質素便是關鍵或決定因素。

第二節
運動心理學是什麼?

運動心理學的定義和歷史背景

運動心理學跟臨床心理學、教育心理學及輔導心理學類近,是一門研究在運動訓練中,人及其行為表現的科學,主要研究個人心理與運動的相互關係及影響。例如,比賽前心情緊張而影響比賽表現,便是心理或情感對運動的影響;每天做30分鐘運動,令人更加開心樂觀,便是運動對個人心理的影響。

雖然運動心理學在香港鮮為人知,但在19世紀末,運動心理學在外國已逐漸發展。

1897年:心理學家 Norman Triplett 觀察及研究單車運動員的動力(motivation)時,發現團體賽車手比個人賽車手的速度更快,從而得知其他對手的出現會提升運動員的運動表現。Triplett 所觀察的現象被公認為第一個與運動心理學有關的發現。

1925年:被譽為「北美運動心理學之父」的 Coleman Griffith 成立了全球第一個運動心理學實驗室,分析運動表現、心理及生理的相互關係等。他分別於1926年和1928年出版了兩本運動心理學巨著:*The Psychology of Coaching* 和 *The Psychology of Athletes*,當中內容包括不少至今仍在應用的概念和知識。

1938 年：Coleman Griffith 被美國芝加哥小熊職業棒球隊聘請為他們的隨隊運動心理學家。

1939-1965 年：這段時期被稱為運動心理學「形成期」，無數運動心理學實驗室於不同大專院校成立，並提供研究課程。第一個運動心理學的國際組織 International Society of Sport Psychology（ISSP）成立。此組織聚集了專門研究運動、身體活動和在康健環境中人的行為的專家，透過簡報和會議等媒體促進知識共享，並贊助出版第一本國際性運動心理學期刊 *International Journal of Sport Psychology*。

1966-1977 年：被譽為「北美應用運動心理學之父」的 Bruce Ogilvie 開始以應用運動心理學家身份跟隨不同隊伍及運動員作諮詢，而北美洲運動和體育心理學協會（The North American Society for the Psychology of Sport and Physical Activity）、歐洲運動心理學會（European Federation of Sport Psychology）分別於 1967 年及 1969 年成立。

1970-1980 年代：世界各地陸續出現與運動心理學有關的組織，美歐和澳洲地區相繼成立美國心理學會（American Psychological Society），例如運動心理學分支（Sport Psychology Division）、美國應用運動心理學會（Association for Applied Sport Psychology，簡稱 AASP），及後延伸至亞洲地區如中國內地、台灣等亦成立了不同組織，如中國體育科學學會運動心理學分會、亞洲暨南太平洋運動心理學會（Asian-South Pacific Association of Sport Psychology，簡稱 ASPASP）等，令運動心理學逐漸受到廣泛接納及成為主流心理學的其中一個範疇。

1980 年：美國奧林匹克委員會運動心理學諮詢委員會正式成立。

1985 年：美國奧林匹克委員會聘請了第一位全職運動心理學家。

1990 年代中期：部分運動心理學家提出改變研究方向，過往運動心理學專注於理論層面的研究，專家主要鑽研有什麼因素影響不同持份者在訓練和比賽期間的行為與表現，同時建立一系列的功能及理論模型。直至 90 年代中期，專家開始把理論帶到應用層面，研發提升運動表現以及處理運動員心理問題的技巧和方法，令部分運動心理學研究員（researcher）變成實踐者或諮詢者（practitioner）。

2000 年至今：部分運動心理學家由研究員轉型為諮詢者，於前線提供服務，因此出現了運動心理學未來發展的分支。現時美國應用運動心理學會已有全面認證，將服務對象由精英運動員推廣至普羅大眾；而研究人員仍然著眼於理論層面的研究。台灣運動心理學會（Society for Sport and Exercise Psychology of Taiwan，簡稱 SSEPT）於 2000 年成立，2003 年香港運動心理學會（Hong Kong Society of Sport and Exercise Psychology，簡稱 HKSSEP）正式成立（請參考〈附錄〉了解香港運動心理學會的歷史）。

運動心理學怎樣提升運動水平？

要了解運動心理學怎樣提升運動員的運動水平，要先明白運動心理學家的工作。按運動心理學家的工作性質分辨，運動心理學家主要分為兩大類：

第一類是專門做研究的運動心理學家。他們在大專院校向主修體育科的學生教授運動心理學，並進行與運動心理學相關的研究。他們的理論研究眾多，當中包括：

1. 影響運動員訓練和比賽表現的內在和外在因素，包括個人性格特點、自我期望和動力等因素，以及環境變化所帶來的心理影響；
2. 年輕運動員的訓練及比賽環境對他們的成長有何影響，家長和教練的角色表現如何影響他們的心理發展；
3. 教練的執教風格，以及與運動員的關係如何影響運動員對訓練的投入程度、成效和比賽表現；
4. 運動參與程度的變化及其誘因；
5. 運動對身心健康的影響。

而另一類是應用運動心理學家，他們透過溝通，協助個別運動員提升運動水平，並在不同運動團隊作諮詢、開辦心理學工作坊，亦會隨隊作臨場諮詢和支援（on-field support）。

要提升運動員的表現，應用運動心理學家一般以個別諮詢或工作坊了解運動員的背景及運動員對自己的看法，透過輔導令運動員了解自己的想法及情緒，並教導運動員不同的心理技能訓練，讓他們能在訓練及比賽時學以致用，在比賽中發揮應有水準。傳統心理訓練主要分為四種：目標設定（goal setting）、自我對話（self-talk/self-coaching）、意象（imagery）及情緒管理（arousal/mood control），但現在已包含更多心理學技巧，如正念（mindfulness）等。

運動心理學家會處理什麼問題？

運動員除了希望提升運動水平外，亦會面對失意、心力交瘁的時候，有可能是運動生涯上遇到挫折，也可能是過量運動所帶來的負面心理影響而出現厭倦、疲態的徵狀。如何在負面情緒影響下仍能維持及恢復運動水

平，是比賽的關鍵。當中較常遇到的問題包括情緒管理、壓力處理、提升自信、專注力及推動力等。此外，運動心理學家更會協助運動員認識運動以外的自己，並向考慮退役或已退役的運動員提供輔導及支援，令他們更易融入主流社會。

以下是運動員尋找應用運動心理學家協助的常見問題，不知大家曾否面對類似的情況？

- 運動成績未能達到預期目標
- 比賽表現比訓練時遜色
- 持續訓練但未能突破瓶頸位
- 比賽前或比賽期間容易情緒起伏（如緊張、容易分心等）
- 被過往的錯誤、失敗或挫折影響
- 難以進入全神貫注狀態
- 重拾不了做運動及比賽的熱誠
- 覺得不被教練重用
- 想改善與隊友的關係
- 受傷或失敗過後對比賽產生陰影
- 一直表現出色，卻怕下次比賽沒有突破

與運動心理學家進行諮詢的常見問題

1. 諮詢過程大約需時多久？

答：諮詢過程需要運動心理學家和運動員的互相合作和配合。諮詢期的長短視乎各種因素，如運動員的主動性、想改變的意願、他跟運動心理

學家的互信程度等。一般而言，運動員需要每星期進行一次諮詢，大概 10 至 12 個星期便會漸漸見效，不過時間因人而異。

2. 若運動心理學家不認識某項運動，他能夠幫到運動員嗎？

答：雖然運動分為個人、對抗性、團隊項目等類型，但所有運動項目的基本原理大致一樣。不論是個人諮詢，還是與團隊舉行工作坊，運動心理學家只是進行與心理學有關的輔導工作。即使運動心理學家不認識該項運動，亦能夠協助運動員提升表現。如運動心理學家對該項運動有基本認識會有一定的好處，不過其主要工作是以提問方式讓運動員解答自己的疑問。

第三節
運動心理學的類別

體適能心理學（exercise psychology）

　　體適能心理學是運動心理學的分支，主要研究運動、鍛煉和身體活動對個人心理發展和健康的影響。體適能心理學家的服務對象主要是普羅大眾，透過研究了解市民做運動的動機、參與度，以及過程中的享受度，並從身心健康角度，鼓勵市民養成健康的生活模式。體適能心理學家曾研究市民做運動的動力會否因為給予他們選擇不同練習的次序而增加。此外，體適能心理學家會就運動能夠提供的心理及社會福利（psychosocial benefits）作解說及建議，並設立計劃和活動以改善普羅大眾的身心健康。體適能心理學家亦會協助康復中的患者（例如心臟病患者和殘障人士），透過運動康復計劃達至最佳康復狀態及改善其生理和心理健康。

　　總括而言，體適能心理學家除了進行研究工作，亦會為大眾提供體適能心理學的輔導及建議等，包括：

1. 輔導生病、身體或精神健康欠佳，可從恆常運動中得益的服務對象；
2. 根據服務對象的需要設計、實施和評估運動鍛煉計劃（exercise program）；
3. 向大眾解釋鍛煉過程中可獲得的生理和心理益處。

體適能心理學家並非只在診所提供服務，他們會配合個人和團體需要，在各樣的臨床環境（clinical setting）中工作，當中包括服務對象的家、保健中心（醫院、康復中心、門診心理健康診所、私人醫療診所）、健身中心或教育機構等。

應用運動心理學與體適能心理學的異同

應用運動心理學與體適能心理學的工作十分類同，他們在工作時均需要：

1. 評估服務對象的需求和能力，以及監測他們的運動表現和行為；
2. 運用心理學的知識和心理技巧，幫助諮詢者提升運動表現和發揮運動潛力；
3. 提供與運動心理學有關的諮詢、工作坊和研討會；
4. 與其他心理學家、營養學家、全科醫生、教練和生理學家合作。

然而，不論是服務對象，還是服務內容，應用運動心理學與體適能心理學都各有不同。

	應用運動心理學	體適能心理學
服務對象	• 以運動員為主（例如業餘體育隊伍成員、中小學運動員，以及職業運動員）	• 一般市民（尤其缺乏運動和身心健康欠佳的人） • 患者和傷者
服務內容	• 提升運動表現和競技能力 • 處理與運動比賽有關的問題 • 運動計劃因應運動員的比賽項目而設	• 改善身心健康 • 協助病者康復 • 運動計劃旨在協助治療及提升整體健康，不限於某種運動

表 1.1 應用運動心理學與體適能心理學的不同之處

在香港，體適能心理學比運動心理學較為普及，大概有 10 至 15 位體適能心理學家於各大專院校任教及做相關研究。以下是香港較熱門的體適能心理學研究議題：

1. 體育、鍛煉、體育活動的動力
2. 參與運動和鍛煉的動機
3. 不同人士（如教練、父母、醫生和物理治療師）在體育和其他衛生保健環境的相對影響
4. 心理社會和社會文化方面的健康和身體活動

表現心理學（performance psychology）

縱使一般人認為運動心理學的治療只適用於國家級或專業運動員，其實此專業已在不同領域發展及應用。除了運動員外，其他界別的表演者（performer）亦可接受表現心理學的諮詢。音樂家、表演者在舞台上也會遇上低谷、情緒不穩、臨場失準等情況，跟運動員遇到的問題類近。近年亦有不少表演者會諮詢運動心理學家及表現心理學家，學習調整心理，令下一個表演有更好的表現。而除了舞蹈家、音樂家及演講者之外，公司管理層或企業家也可透過運動心理學的講座及工作坊，學習處理因工作帶來的壓力和情緒，提升團體精神、工作表現和業績等。不少西方國家的運動心理學家甚至會跟軍方合作，如美國軍隊便是美國運動心理學家的最大聘請者，透過運用心理技巧，提升軍事人員的心理承受能力及克服戰場上的壓力和恐懼。

第四節
運動心理學的課程、訓練及往後發展

　　現時不少青年人都有意進修運動心理學，但不知從何開始。在這，筆者先簡單介紹運動心理學的課程及往後的訓練和發展，希望有興趣成為運動心理學家的朋友有多點了解。

運動心理學的課程及訓練

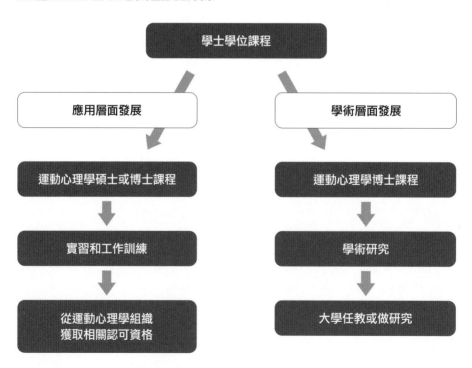

圖 1.1 運動心理學的課程、訓練及發展

第一階段是完成學士學位課程。一般情況下，提供運動心理學碩士或博士課程的院校對學生主修的學士科目沒有限制。但筆者建議有興趣的朋友於本地或外地大學修讀心理學或運動學士學位課程，這會比較容易銜接相關的碩士或博士課程。

因本港大學暫時沒有提供相關的碩士或博士課程（雖然於大學學士課程中有運動及體適能心理學學科），所以有意成為運動心理學家的朋友可參考以下出路：

1. 向應用（applied）層面發展

如希望成為應用運動心理學家，便至少要完成有關運動心理學（例如運動科學、輔導心理學）的碩士課程，例如科隆德國體育學院運動與體適能心理學碩士課程、美國丹佛大學專業心理學研究院體育及表現心理學碩士課程、英國布魯內爾大學體育及運動心理學碩士課程等。之後便需要參與實習和接受工作訓練以累積經驗。大學提供的碩士或博士課程一般會包括實習機會，如擔當大學球隊的運動心理學實習生，而畢業後可於大學體育部當學生運動員的支援人員，或擔任當地球會、學校校隊的運動心理學家。在獲得相應的工作經驗後，應用運動心理學家可從不同運動心理學組織獲取相關認可資格。

在美國，最受國際認可的組織就是美國應用運動心理學會（AASP），而小部分成員則被認可為註冊顧問（Certified Mental Performance Consultants®，簡稱 CMPC®）。AASP 組織非常龐大，任何人均可以成為其成員，不過要當上註冊顧問，成員必須完成有關運動心理學的碩士或博士課程，除了通過考試之外，亦要完成至少 400 個與運動心理學有關的實

習時數，才能當上註冊顧問；註冊顧問亦要每五年報讀不同課程進修及參加研討會，才能續領執照，以保持高質素的服務。

在英國，「運動心理學家」這專業稱號受到法律保護，而想在英國執業的人士可以在英國醫療專業局（Health and Care Professions Council，簡稱 HCPC）註冊及取得認可。要得到 HCPC 認可，途徑有二：第一，在英國唸書的人士先在英國心理學會（British Psychological Society，簡稱 BPS）註冊成為運動心理學家（Chartered Sport & Exercise Psychologist），而合資格人士必須在完成不少於兩年全職的應用運動心理專業訓練／監督實習後註冊，並經「英國途徑」再申請 HCPC；第二，在其他國家或地區修讀運動心理學相關的碩士或博士課程，只要具備 HCPC 所需的實踐經驗，即可以經「國際途徑」申請 HCPC 認可。此外，英國運動科學協會（British Association of Sport and Exercise Sciences，簡稱 BASES）現時亦參考 BPS 制度，正式推出受 HCPC 認可的實習註冊途徑 Sport and Exercise Psychology Accreditation Route（簡稱 SEPAR）。合資格人士一般在 2 至 4 年內完成指定時數的督導實習，便可得到 HCPC 認可，然後註冊成為運動心理學家。

在澳洲，一般人可先完成心理學碩士或博士課程，完成課程不少於 1,500 小時的監督實習，註冊為澳洲認可醫療專家下（Australian Health Practitioner Regulation Agency，簡稱 AHPRA）的心理學家，之後再完成 1,500 至 3,000 小時的專科認可監督實習，註冊為當地運動心理學家（Sport and Exercise Psychologist）。

運動心理學——
建立自信，盡展所長

2. 向學術（academic / research）層面發展

如希望從事運動心理學的研究工作，必須完成與運動心理學有關的博士課程（例如運動科學、臨床心理學），例如美國佛羅里達州立大學教育部門的運動心理學博士課程、德國比勒費爾德大學心理學及運動科學部門的博士課程、澳洲維多利亞大學心理學研究院轄下的運動博士課程等。博士學生亦需要參與學術研究和提交論文。畢業後可於大學任教或做相關的研究。

有些大學如美國春田大學均提供運動心理學的碩士及博士課程，有興趣的朋友應先想清楚自己希望往哪個層面發展，並選擇適合自己的課程。

> ### (i) 知多啲
>
> 「心理學家」（psychologist）於西方國家是一個崇高的職業，故此要先得到心理學博士學位才可以擁有這個專業稱號，否則以心理學家的身份執業是不合法的。所以在外國，擁有碩士學位的人會被稱為「運動心理學顧問」（sport psychology consultant）或心理教練（mental coach）。在香港，暫時還沒有任何類似的監管，「心理學家」及「心理教練」並不一定擁有相關的碩士或博士學位，所以要尋求相關人士的專業意見前，必須留意他的學歷及資格，並查看拿到資格的要求。
>
> 香港心理學會（Hong Kong Psychological Society，簡稱 HKPS）於 1968 年成立，現今擁有大約 3,000 名會員。HKPS 現時有四個部

門，包括臨床心理學、教育心理學、工業及組織心理學、輔導心理學，而各部門更有其專科心理學的註冊，即臨床心理學家、教育心理學家、工業及組織心理學家、輔導心理學家。所有 HKPS 會員必須是本地或外國心理學學士畢業生，但要申請成為本地註冊心理學家，會員必須完成學會認可的心理學碩士或博士學位，並有多於一年的相關經驗；而某些部門會有更高要求。經過資深成員多年的努力下，學會註冊制度漸漸得到社會認受，而香港教育心理學家公會和香港臨床心理學家公會在「認可醫療專業註冊先導計劃」（Accredited Registers Scheme for Healthcare Professions）下獲得正式認證，獲授權為認可醫療專業團體，分別負責教育心理學家和臨床心理學家名冊。

運動心理學在香港的發展歷史尚短，因此暫未被香港心理學會納入為第五個部門。若希望於香港成為應用運動心理學家或從事與運動心理學研究相關的工作，可以在外地先取得有關資格。如欲了解更多運動心理學於香港及外國的發展概況，請參考〈附錄〉。

運動心理學家的工作及專業發展方向

類別	服務性質	工作地點	服務對象
應用運動心理學家	• 負責提升運動員的表現，輔導有需要的運動員 • 有些應用運動心理學家亦會從事編輯和出版社的工作，但他們的主要工作是提供相關服務	• 受聘於不同級別的運動隊伍，例如中學／大學校隊、職業隊伍、國家隊等，並有機會成為隨隊成員 • 私人執業——在公司內接見不同顧客 • 到不同場所，例如學校、座談會等作演講和學術交流（例如美國應用運動心理學會的週年會議）	• 運動員（場外及場內／臨場服務） • 教練團隊（例如與教練商討並建立適合運動員的訓練計劃及執教風格） • 家長 • 運動隊伍（協助隊員之間、隊員與教練之間的溝通，建立團隊精神，調停紛爭，提升團隊凝聚力及改善關係等） • 表演團體（其他表演項目，例如歌唱、舞蹈、演講等） • 公司人力資源發展部（處理工作壓力和情緒問題，提升團體精神） • 公眾 　◦ 推廣運動心理學——如何將心理技巧投放在日常生活中（壓力管理、提升集中力等） 　◦ 推廣運動——講述做運動的好處，鼓勵大眾養成做運動的習慣 • 軍隊（運動心理學家在軍隊運亦被稱為表現提升專家（performance enhancement specialist） 　◦ 協助軍事人員作打仗的心理準備 　◦ 協助軍事人員及其家人和平民建立抗逆能力（resilience）的心理準備 　◦ 協助軍事人員及其家人作損失（家人／家園）的心理準備
學術運動心理學家	• 主要負責研究和教育工作，同時擔任期刊編輯（撰寫文章）和書籍出版人	• 在大學、城市或國家級別的運動機構任教及進行研究工作 • 到不同場所，例如學校、座談會等作演講和學術交流	• 學生、研究人員

表 1.2 運動心理學家的類別、服務性質、工作地點和服務對象

第五節
使用運動心理學服務及技巧的著名運動員及教練

拜爾斯（Simone Biles）

運動：體操

　　拜爾斯是美國著名的女體操運動員，在里約奧運成功取得四金一銅。進國家隊前，雖然成績優異，但她經常因賽前緊張和自信心不足而影響比賽表現。幸好進入國家隊後認識了運動心理學家 Robert Andrews，進行諮詢後，成功克服了情緒不穩定的問題。她曾於訪問中表示，每個運動員會用一生的時間來準備一場只有 10 分鐘的表演，所以臨場發揮就是重點：「很多人對我有很大的期望，但我能透過運動心理學認識到怎樣控制自己想做的事，而不是別人想我做的事。」

李娜

運動：網球

　　李娜曾是世界排名第二的中國網球運動員，於 2008 年的大獎賽打敗了著名的美國網球選手威廉斯（Serena Williams）。當時威廉斯在第一局以 6-0 領先，但李娜憑著堅強的心理質素，最終反敗為勝。賽後李娜表示她第一局非常緊張，以為自己已沒有機會勝出，不過於第二局不斷採用自我對話的技巧來鼓勵自己後，成功調整情緒，保持良好的狀態及發揮，反敗為勝。

佛卡德（Simon Fourcade）

運動：兩項鐵人

　　佛卡德是法國著名的兩項鐵人運動員，於運動生涯裡獲得數之不盡的冠軍。為里約奧運作準備時，佛卡德透露自己會用不同的運動心理學技巧調整心理質素，而最常用的是呼吸練習和意象技巧：「我嘗試用意象技巧來幻想比賽時會遇到的情景，例如天氣變化，或在我身邊一起跑的對手。」

菲比斯（Michael Phelps）

運動：游泳

　　菲比斯是史上獲得最多奧運獎牌的運動員，而他認為自己成功的主因，是一直運用心理學技巧：「我在備戰奧運時經常運用意象技巧。我會幻想比賽的不同畫面，例如能夠高水平發揮，或跳水後泳褲破掉、泳鏡入水等應對方法。如果我每一個細節都有仔細計劃，我會知道就算比賽發生任何事，我都已經有計劃去解決當刻問題。」

安迪・班克斯（Andy Banks）

運動：跳水教練

　　Banks 是英國國家隊跳水教練，曾協助奧運銅牌得主戴利（Tom Daley）備戰倫敦奧運。多年的教練經驗令他明白到心理質素對臨場發揮的重要性，尤其是幫助運動員克服他們對跳水的恐懼。他表示會盡量令所有運動員保持開心的心理狀態，令他們有動力去練習，從而增加訓練成效，使他們發揮更高的水準。他說：「我個人認為這運動不可能單靠運氣而勝出，關鍵取決於賽前準備和訓練過程。」他鼓勵運動員應享受比賽過程，而非比賽結果，因為運動員只能控制過程，不能控制比賽結果。

1. **你認為以下哪一項與「運動心理學」有關？**

A. 業餘網球手 Joyce 每天放學後都刻苦練習，教練也稱讚她有望成為明日之星。充滿自信的她希望在下月的網球公開賽發揮水準，在球場上有卓越表現。

B. 身高體重指數（BMI）嚴重超標的 Amy 被醫生勸告要多做運動才能減低患病機會，可惜 Amy 對做運動完全提不起興趣。

C. 全職劍擊運動員 Kevin 打算完成年尾的世界賽後，便退役投身工作行列，但對未來生活及求職方面感到非常苦惱。

D. 兼職歌手 Christine 三個月前因感冒意外失聲，現在雖已完全康復，可是最近幾場音樂會的表現都大不如前，令她漸漸失去唱歌的熱誠。

答案：以上皆是。

原因：

A： Joyce 希望可以於公開賽發揮水準，運動心理學家可以用心理學技巧提高她打網球的穩定性。

B： 她雖然不是運動員，不過她主要的問題是缺乏做運動的習慣和動力。她可以透過有系統的練習和訂下具體目標（請細看第二章第一節〈訓練一：訂立目標〉及第四章〈體適能心理學：怎樣培養做運動的動力〉），從而提升她做運動的動力。

C： 退役對很多運動員來說是個心理關口，尤其是全職運動員。因為他們常懷疑自己運動以外的能力，對自己的前景感到迷惘與困惑。這會觸碰到自我認同及自信心的問題，所以 Kevin 的個案與運動心理學有關。

D：Christine 雖然不是運動員，不過唱歌亦是表現（performance）的一種。失聲後雖然康復，不過表現依然失準，令她對唱歌的熱誠減低。這跟運動員受傷後維持不了表現的情況一樣。

　如果大家剛才的答案只包括其中一兩項，那就代表大家要重溫這一章了！

2.　**以下哪一項是對的？**

A.　運動心理學家會用催眠的方式來治療運動員。

B.　運動心理學只適用於精英運動員。

C.　運動心理學家要和運動員保持適當距離。

D.　如教練派旗下運動員尋求運動心理學家協助提升運動表現，他有權知道諮詢內容。

答案：C

詳情請參考本章第一節〈運動心理學的謬誤〉。

 **思考問題**

　在你認識的運動員當中，還有誰說過他有使用運動心理學服務，或是有運用運動心理學技巧？他／她有提及喜歡運用哪一類心理技巧嗎？

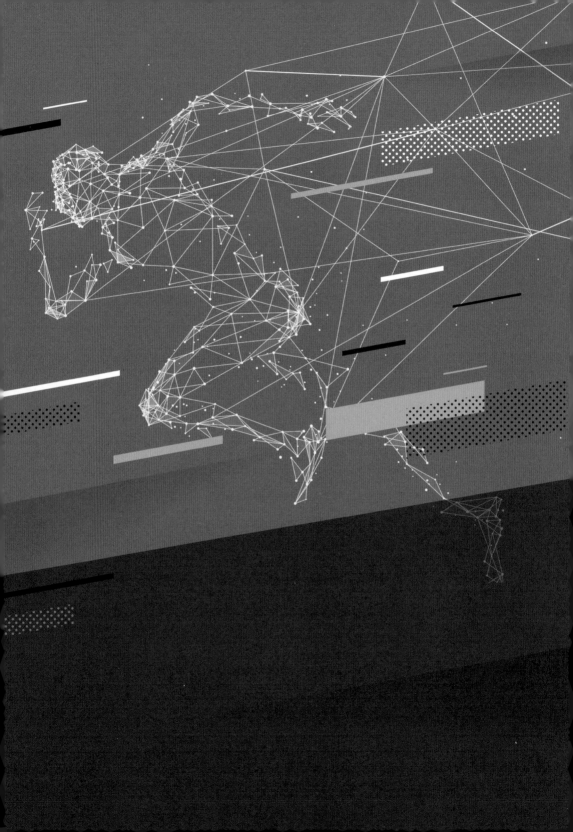

第二章

心理技能訓練（一）

看完這個章節，你將會明白：
- 提升運動表現的心理學技巧，包括：
  - 正確及具體訂下目標
  - 自我對話的重要性及其威力
  - 意象訓練的用處及對提升自信心的效用
  - 壓力管理
  - 情緒管理及音樂的作用
- 怎樣利用心理學技巧提升表現

詹姆斯・洛爾（James E. Loehr）及彼得・麥克勞林（Peter Mclaughlin）博士於 1977 年做了一項「理想表現狀態」研究，並訪問過百位運動員對「理想表現」的感覺，大致如下：

「我覺得（剛才比賽）幾乎在掌握之中。我對自己非常有信心，感到輕鬆，同時亦有無比力量。我完全沒有任何焦慮或恐懼，整個過程非常愉快。我有一種平靜、安靜的感覺，好像一切都是自然而然……即使我在球場上一直忙著，整場賽事根本不費力。」（"I felt like I could do almost anything, as if I were in complete control. I really felt confident and positive. I felt physically very relaxed, but really energized and pumped up. I experienced virtually no anxiety or fear, and the whole experience was enjoyable. I experienced a very real sense of calmness and quiet inside, and everything just seemed to flow automatically... even though I was really hustling on the court, it was all very effortless."）

其實這並不是高水平運動員獨有的感覺，很多業餘運動員也有此經歷，關鍵只在於發生的次數和持續時間的長短。

試回想自己於訓練或比賽時的表現，有沒有體驗過類似上述的感覺？這種感覺發生過多少次？它經常發生嗎？假若過往比賽從沒有這樣的經歷，那麼上述那種感覺是否你渴望得到的？

當我們陶醉於自己的任務時，我們會進入一種特別的忘我狀態，它被匈牙利心理學家米哈里・奇克森特米海伊（Mihaly Csikszentmihalyi）稱為「流暢狀態」（flow）。運動員一般會把這個感覺形容為「入局狀態」（in the zone），而在這個狀態裡，運動員的表現會有以下特徵：

- 進入忘我狀態
- 完全陶醉於任務中
- 專注力極高
- 對自己充滿信心
- 覺得所有東西都在控制範圍內
- 覺得所有東西都水到渠成、毫不費力
- 過程中不會特別去想結果
- 情緒達到理想水平
- 不怕失敗
- 過程中得到很大的滿足感

研究顯示，運動員都希望提高這種流暢狀態發生的次數，令他們的表現能夠達至「巔峰狀態」（peak performance）。「巔峰狀態」並非指達到精英運動員的水平，而是把個人潛質發揮至極限。要更容易進入流暢狀態，可以透過有系統的心理訓練，包括在專注力、自信和情緒管理等範疇進行持續性的練習。

無論你是精英運動員抑或是業餘運動員，有效地運用心理技巧能令你更容易控制比賽節奏及應對不同情況，有足夠心理準備去參與比賽。不過在進行心理技巧訓練計劃前，我們必須先調整個人心態，於下列幾個方面持正向態度。

1. 走出安舒區，勇於改變

美國作家威廉．阿圖．沃德（William Arthur Ward）曾説過：「成長是存在的目的。」（The purpose of life is to grow.）在長年累月的訓練或比賽過程中，運動員往往會養成一些習慣，而有些習慣卻會阻礙自己進步。如果選擇安於現狀，就意味著五年、十年後的運動成績也不會有突破。雖然改變是痛苦的，但只要忽視改變所帶來的短暫失敗，放眼長遠的成功，迎難而上，便會進步、成長，運動員生涯才更有意義。如外國一名言：「Get comfortable with being uncomfortable」，嘗試接受改變，才會使自己進步。

2. 把心理訓練變成習慣

要在運動場上進步，心理訓練和技術訓練同樣重要。緊記心理訓練和技術訓練一樣，皆需要有紀律和恆常的練習。長期接受運動心理學訓練的運動員，能夠在日常練習和比賽中把心理技巧發揮自如，不用刻意提醒自己運用心理技巧，節省注意力。

3. 每個人作出選擇後，就應該為自己的行為、想法及感受負責

個人行為可説是每個人選擇的表現方法，因此要學懂對自己作出的行為負責。在平常的訓練和比賽中，自己是怎樣處理情緒及心態？比如説比賽輸了，會否推卸責任，把責任歸咎於別人或環境因素之上？或是比賽處於逆境時，選擇用正面的態度面對？例如里約奧運中巴西觀眾的噓聲令劍

擊運動員難以集中，一個對自己行為負責的劍擊運動員會了解噓聲並不在自己控制範圍內，並懂得控制自己對噓聲的反應。

　　以下介紹的心理技巧都輔以真實個案作參考，使大家更容易理解相關的心理理論，每節最後附有測試或練習，協助大家將理論應用到不同的運動問題上。

🧠 思考問題

　　他還年輕，無法接受不完美。他跟運動心理學家合作的兩年間，特別專注於調整自己在球場上的態度，學習平衡「冰」（冷靜）與「火」（脾氣）。他後來跟傳媒説：「你知道嗎，要平衡兩者很有難度。我要靠熱情和渴望才能勝出，但同時我又要保持冷靜，才能夠承受失敗和犯下的錯誤。」

　　你猜猜上述是哪一位運動員？

答案：費達拿（網球）

第一節
訓練一：訂立目標

筆者為本地空手道隊舉辦工作坊時，曾要求運動員寫下學界比賽的目標，答案大致如下：

「減少傷患，令自己在學界比賽中發揮得更好。」

「學界比賽爭取前三名。」

「由現在開始早點睡，令自己在比賽時更集中。」

「要勤力練習。」

「不要被 XX 學校的選手影響臨場表現。」

上述目標會否跟大家所訂立的目標相似？試回想年初訂下的目標，有多少已在逐步實現？又有多少始終無法實現？

許多人對訂立目標一知半解，覺得目標與夢想一樣，例如減肥、在跑步比賽勝出、球技有進步、舊病不要復發等。筆者大致聽過兩類運動員的心聲：有人認為把目標寫下就會更容易實現；亦有人不想刻意訂下目標，因為達不到就會容易失望。其實懂得訂立目標能夠有效提升我們的自信心、動力和專注力。訂立目標可以稱為運動心理學技巧的根本。

經常聽到體育記者訪問運動員時都會問及：「你今年有什麼打算？」「你有什麼目標想達到？」運動員一般都會回答：「能夠獲得奧運的參賽資格」、「學界賽前八名」、「世錦賽打入 16 強」等，不過通常説到這裡就

會「止步」。這是一個極常見的問題：運動員往往訂了一個長遠的大目標，或只集中於與結果有關的目標，卻不懂得將大目標分拆，不懂訂立一些能推動自己達成大目標的小目標。最後如果能成功達到目標，他們便會欣喜若狂；達不到目標便會沮喪，卻不知道背後原因。

在競技體育中，運動心理學家認為運動員的成功主要取決於兩個因素：運動員的技能和運動員的動力。試想想自己的目標，例如去旅行、完成一次馬拉松、找到工作等，這些目標雖然符合現實，但不懂持續調整或跟進目標達成的機會率，正是一般人常犯的錯誤。簡單來說，他們不會進行「目標檢討」，只期望目標終有一天會實現。關鍵並非設定什麼類型的「大目標」，而是如何設定一些能令自己專心致志及提升動力的「小目標」。

運動心理學家的角色，不單是協助運動員認清自己的目標，更要輔助他們訂立一些正確的目標，並提升他們的集中力和訓練動力。

目標要分類及分拆

在訂立目標前，大家先要懂得辨別不同類型的目標。在運動心理學中，目標分為以下三個類別：

1. 結果目標（outcome goal）

著重成果的目標，例如贏一場比賽、擊敗對手、進入半準決賽等。這些目標不僅取決於運動員的發揮，亦要視乎對手的表現。因此，這種目標並不能完全由運動員控制。

2. 表現目標（performance goal）

這種目標取決於運動員的能力，亦能協助運動員超越自己原本的成績。假如第一個星期運動員只能做五次引體上升，第二個星期的目標可能是做八次。這個目標是因應自己過往的成績而定的。

3. 過程目標（process goal）

這是在運動員控制範圍內的短期目標，取決於運動員的能力。例如一個籃球員的過程目標可能包括每次運球時要兩膝彎曲、降低重心，而跑手的過程目標可能是上身保持挺直來減少阻力等。

S.M.A.R.T. 目標

S.M.A.R.T. 是一個提示運動員訂立有效目標的縮寫：

Specific（具體的）：身為運動員，會有什麼長遠目標？究竟要做到哪些步驟，長遠目標才能實現？例如運動員希望被選中為學校代表參加學界賽事，便是一個長遠目標，但僅憑這一目標是不夠的。如把目標訂為：「每週準時出席四天常規及體能訓練，於三個月後的選拔賽中取得個人最佳成績」，這樣的計劃會變得更具體，令長遠目標更容易實現。

Measurable（可量化的）：為了使目標能夠量度，易於記錄，運動員必須建立一個能夠用數字量度的目標，來計算出自己進步的幅度。例如，「每天做30分鐘瑜伽」或「每次去健身室都要多跑兩公里」便是可量度的目標。

Adjustable（**可調整的**）：目標應該要有彈性，讓自己遇到突發事件時可作出適當調整。運動心理學家發現運動員會因為不能如期達成目標而感到沮喪，所以我們必須懂得調節及作出改變。即使你曾訂下目標要求自己每天訓練一小時，但若今天狀態不好，不妨把訓練縮短，好好休息，明天才按照原定計劃繼續訓練。

Realistic（**現實的**）：我們無法完全預測自己往後的能力，所以長遠目標寫得具挑戰性也沒關係；不過今天、明天、後天的目標必須要實際。如果目標太容易實現，運動員會覺得無聊；如果目標難以實現，運動員可能會輕易放棄。尤其是短期目標，除具挑戰性外，亦要實際，才能有激勵的作用。例如一位全職運動員習慣凌晨三時才睡覺、十時才起床練習，但為了增取兩年後的奧運參賽資格，決定明天開始六時起床增加早上訓練，這好像有點不切實際；如嘗試未來一個星期於凌晨一時前睡覺，慢慢調節生理時鐘，再開始實行早上訓練，目標可能更容易達到。

Time-sensitive（**有時限的**）：一個沒有時限的目標難以評估，只能稱得上是願望，而實現目標會變得遙遙無期。如果你的目標是完成一次馬拉松，可先找出馬拉松的報名日期，並了解自己有多少時間安排行動計劃（而計劃當中包括的就是過程和表現目標），令自己有更明確的方向去實現目標。

心理目標

與技術、體能或時間有關的目標比較容易量度，故運動員訂立的目標大多與技術有關。而提升心理質素的目標因難以量度，經常被忽略。不過，設定心理目標不僅能提高心理質素，亦可提升技術水平。究竟心理目標是什麼？

心理目標是與態度、信心和動力有關的目標。運動員可按照 S.M.A.R.T. 的原理去訂立心理目標，例如訓練時間為四小時，但經常訓練了三小時便想放棄，一個具體的心理目標可以是每次訓練至三小時便對自己說一些積極或鼓勵性的短句。由於你能計算到每次訓練對自己說鼓勵說話的次數，亦可以選擇於某個時段實行，這就是一個 S.M.A.R.T 的心理目標。

心理目標亦會有含意模糊的時候。舉例說，一位長跑愛好者其中一個目標是「每次都能享受跑步過程」。可是，「享受」是一種主觀感覺，較難衡量。為方便起見，可以使用 1 至 10 的量表來評定個人享受水平（例如 10 分為極度享受）。如果主觀享受水平現為「5」，並希望於一個月內將其提升至「6」，可以於每節訓練前建立一些能提高開心程度的策略。例如有運動員了解到自己每次訓練到中段都會有消極想法，就嘗試於那時候回想過往一些愉快的跑步情景，讓自己產生消極想法時可以有後備方案，從而提升享受水平。每星期至少一次與其他長跑好友一起訓練等都能夠提升做運動的享受水平。以上策略跟 S.M.A.R.T. 目標的「S」與「M」相同，同樣是具體和可量化的。

目標要直接

當訂立目標時，我們要注意目標的用字。例如筆者說：「你現在不能想像一隻粉紅色的大象！」你腦海中會浮現出什麼畫面？應該立刻呈現出一隻粉紅色的大象吧。如果我們想避免某種影像或情況發生，應避免用「不要」這些字眼，訂立一個直接的目標。（可參考本章第二節〈訓練二：自我對話〉）

例一：籃球初學者學投籃時，可以由「投籃時不要只依靠手腕的力量」改成「投籃時要透過手肘帶動」。

筆者跟香港城市大學空手道隊討論大專比賽的目標。

例二：第一次參加渣打馬拉松賽事的跑手，為自己訂立目標：「我不能成為賽事的最後 50 名。」這不僅是一個負面目標，塑造了一個你不希望描繪的影像，而名次亦會受其他選手影響，這結果是自己的控制範圍之外。假若他把目標改成：「我要把我的最佳時間推前五分鐘。」然後再訂立更具體的短期或過程目標，例如每星期增加兩小時訓練，及每次到上坡路段訓練都要深呼吸，這會使他更容易達成目標。

有效的目標設定

一個有效的目標包括結果、表現及過程目標，配合實際行動，才能提升技術水平，並同時提高訓練及比賽的動力。另外，於每個訓練週期或季節，運動員都要進行評估，才能有效達成目標。各位讀者可參考以下的評估表格：

目標訂立：七天計劃

本週目標：_____

_____

列出三項能達成本週目標的過程目標：

1. _____

2. _____

3. _____

本週檢討

你在過去一週能否順利實現「本週目標」？

（1 ＝完全不能達成，10 ＝順利達成）

1　　2　　3　　4　　5　　6　　7　　8　　9　　10

如未能達到 10 分，下週應採取什麼不同的方式來更有效地實現目標？

_____

:::::::::::::::::::::::::::: **練習一** ::::::::::::::::::::::::::::

　　以下是一位跳遠運動員的日記，大家覺得有沒有需要修改的地方？可嘗試於「評語」部分寫下更貼近 S.M.A.R.T. 的目標：

日期：1/6/2025

項目：跳遠

	目標	時限	評語
長期目標	學界賽有好表現	決賽當天 （1/10/2025）	
短期目標 #1	今天要去練習	今天	
短期目標 #2	下星期開始要增加體能練習	8/6/2025 開始	
短期目標 #3	戒掉所有甜品	明天就要開始戒掉	

參考問題／提示：

短期目標 #1：練習有沒有需要注意的地方？當天的目標是什麼？

短期目標 #2：增加體能練習代表每星期增加一節課嗎？還是訓練由一小時增加至兩小時？體能練習的計劃包含什麼？如有舉重練習，重量又是多少？

短期目標 #3：平日是每天都會吃甜品嗎？一下子完全戒掉會不會太具挑戰性？可以減至一星期兩天，每次由兩碗糖水減至一碗嗎？這又需要多久才能達成？

（如果忘記了 S.M.A.R.T. 的訂立目標方法，可重溫這一節的內容。）

試試為自己訂下未來的目標吧！

	目標	時限
長期目標 1		
短期目標 # 1		
短期目標 # 2		
短期目標 # 3		

	目標	時限
長期目標 2		
短期目標 # 1		
短期目標 # 2		
短期目標 # 3		

:::::::::::::::::::::::: 練習三 ::::::::::::::::::::::::

阿琦第一次參加校際足球比賽。近日，教練開始對他變得嚴厲，令他對比賽沒什麼信心。距離比賽還有一個月，你可以幫他訂立跟信心有關的目標嗎？

（提示：信心目標可以理解成心理目標的一種）。

時限：30日	
目標一	
目標二	
目標三	

第二節
訓練二：自我對話

　　運動員於比賽前很容易產生負面的想法，而其中一個解決方法，便是把負面思想轉化為正面思想，因為思想會直接影響我們的運動表現。

　　我們絕對有能力改變自己的想法，但你可能會質疑，正面思想的影響有多大？這跟正面自我對話（positive self-talk）有什麼關係？

　　自我對話，顧名思義是自己跟自己談話。不論是説一些高興的、傷心的、哄自己的，甚至是罵自己的話，或多或少能抒發情緒，平復心情。這種跟自己説話的方式就是思想反映出來的評語，簡稱「自我對話」，亦有其他學者稱之為內在對話（inner dialogue）或內在發言（inner speech）。

筆者跟香港女子棒球隊討論比賽時的自我對話和當刻想法。

思想、感覺與行為的關係

　　思想會以自我對話的形式呈現，而自我對話會引導思想，並影響認知、情緒及行為。自我對話可以是口頭形式的，也可以是思想形式。心理學其中一個學派為認知行為治療（cognitive behavioral therapy，簡稱 CBT），是針對個人想法和行為的心理治療。心理學家會就此時此地的問題和困難，協助個人改變想法（認知）和行為。

　　試看看以下一個生活例子：
　　睡覺時，突然聽到一聲巨響，你會有什麼感覺？

- 假如你感到害怕，你的第一個想法可能是有賊人入屋爆竊，你會立即起床去尋找聲音來源，並告知家人。
有賊（想法）➡ 害怕（感覺）➡ 告訴家人（行為）

- 假如你感到煩厭，可能是因為你的鄰居出外旅行前把小狗交給你照顧，而小狗半夜把客廳的東西撞跌，你會跑出房間把小狗抱走。
小狗打翻了東西（想法）➡ 煩厭（感覺）➡ 跑出客廳（行為）

- 假若你感到擔憂，可能是祖母在你家中過夜，你猜想祖母上廁所時不慎跌倒，於是走進她的房間看她有否受傷。
祖母跌倒（想法）➡ 擔憂（感覺）➡ 走去她的房間看她（行為）

以上所有害怕、煩厭、擔憂的感覺，會受不同想法及資訊影響；而行為亦會隨著不同思想及情緒而改變。因此，負面的自我對話（negative self-talk）亦會牽連我們的感覺和行為。

上述情況也經常在競技場上發生。運動員很容易受其他參賽者、比賽成績等因素影響，產生負面思想及自我對話。尤其在練習時沒有以正確的態度去面對負面的自我對話，自然無法在比賽過程中將負面思想轉為正面思想，以致於緊急關頭令自己陷於困惑與緊張中，影響了競技場上的正常發揮。表現變差，情緒也會跟著變差，引發一連串的惡性循環，例如注意力下降、判斷錯誤等。要有效控制比賽情緒，先要掌握正面自我對話的竅門。

指導性和激勵性自我對話

正面的自我對話主要分為兩種：

- **指導性**（instructional）
- **激勵性**（motivational）

透過指導性自我對話（instructional self-talk，又稱指導性ST），運動員會產生提升表現的思想。他們能夠更集中注意力，並在訓練中作出技術和戰術方面的自我提示。不同運動有不同的關鍵動作字眼提示，例如：「鐘擺」（高爾夫球）、「壓肩」（游泳）、「向前衝」（跑步）。

而透過激勵性自我對話（motivational self-talk，又稱激勵性ST），運動員能夠建立信心和動機，提升動力，並控制壓力及焦慮。例如對自己說：「我做得到的！」「再撐一下就可以了。」這些都是激勵性ST的例子之一。

運動時使用哪一種自我對話能更有效地提升運動員的表現？其實兩者各有其優勝之處，有學者認為指導性 ST 對動作要求精密及技術要求較高的運動比較有效，然而在某些技術與努力同樣重要的運動，指導性 ST 與激勵性 ST 則具有同等效能。最近希臘一項運動心理學實驗邀請了 41 位泳手進行自我對話測試，發現大部分泳手比較喜歡在練習時用指導性 ST 提高泳術，在比賽時則會用激勵性 ST 鼓勵自己。運動員可以因應不同情況，用不同類型的 ST 技巧提升個人表現。

筆者曾協助一名泳手，其主項為 1,500 米，合作期間他透露自己的兩個問題：

1. 比賽前需要非常多的鼓勵才能游得好；
2. 比賽中段開始後勁不繼，而疲累時動作會混亂起來，令身體加速擺動，需要注意收腹動作。

最後，運動員於比賽前一個月開始於疲累時使用鼓勵性 ST 字句，例如「衝」、「我可以的」；並引入「收腹」、「拉長」等指導性 ST 字句到訓練中，以減低身體擺動的情況。

字眼的影響

如上文提及，自我對話會直接影響感覺和行為，所以我們運用的字眼都會對我們的感覺產生一定影響。於 1970 年代，研究人員進行了一個有關語言與記憶的實驗，探討了「用字」與自我思想及記憶的影響。在實驗中，研究人員播放交通意外的錄影片段，要求參加者猜出片段中汽車的行

駛速度。真正的速度並不重要，因為研究的重點在於問題裡所用的動詞。其中：

A 組的問題是「試猜出汽車觸碰（contacted）時的速度」；
B 組的問題是「試猜出汽車碰撞（hit）時的速度」；
C 組的問題是「試猜出汽車撞擊（bumped）時的速度」；
D 組的問題是「試猜出汽車衝撞（collided）時的速度」；
E 組的問題是「試猜出汽車撞毀（smashed）時的速度」。

雖然所有參加者都是看同一段錄影，但結果發現不同組別猜想的平均速度都不同，例如 A 組猜想的平均速度在五組當中最慢（31.8mph），比 E 組（40.8mph）慢 9mph。結果顯示，運用字眼的激烈程度會影響參加者的判斷，令答案出現差距。

此外，用字對參加者的記憶也有明顯影響。一星期後，參加者被問到在錄影片段中有沒有看到碎掉的玻璃。事實上，片段並沒有玻璃碎裂的場面，不過由於「撞毀」（smashed）一詞令人聯想到玻璃碎裂，結果 E 組參加者普遍都表示有看到。由此可見，用詞不同會令參加者的記憶產生混淆。

實驗證明當我們用錯誤的字眼來做自我對話或自我評分時，可以把思想弄得一團糟。例如經常會聽到運動員說：「今天練習毫不費力」或「剛才的比賽真是一場災難」等。比賽雖然輸了，但它真的是一場「災難」嗎？過程中有沒有做到教練要求的動作？隊員的默契不是值得慶賀嗎？而「毫不費力」這些過分正面的字眼、評語也不一定對自己有利。因此，每

次進行自我評價時，要用符合事實的字眼形容當刻的心情及想法，避免對日後的感覺及行為造成負面影響。

　　當運動員表示不懂有效地運用自我對話時，筆者會先觀察運動員的思想、情緒和行為，並跟運動員探討思想對他的影響，再協助運動員改變無益的思想。為進一步提升運動員正向自我對話的技巧，筆者會鼓勵運動員每天做一些記錄，幫助辨認自己的思想、情緒、身體感覺和行為。

如何養成正面自我對話的習慣？

每天提高自我意識：究竟每天進行過多少次自我對話呢？
（參考下面練習部分的萬字夾練習）

於訓練時提高自我意識：每當我在訓練中犯錯、訓練目標未能達到或被教練責罵時，我會跟自己説話嗎？

提高自我對話的意識，並留意：
- 説話的速度（快／慢）
- 語調（大／小聲、高／低音）
- 用處：它能夠針對目標或要完成的任務嗎？

這些因素都會直接影響自己的感覺。

你在不同時間需要什麼類型的自我對話？
- 訓練或比賽前
- 自己犯錯後
- 怎樣準備下一步
- 裁判錯判時

:::::::::::::::::::::::::::: **練習一** ::::::::::::::::::::::::::::

　　把數十個萬字夾放進褲袋裡，用一整天時間去留意自我對話的次數。每當發現自己在喃喃自語，就從一邊褲袋拿出一個萬字夾，然後放進另一邊褲袋。一天過後，計算萬字夾的數量，就知道自己每天自我對話的次數。

:::::::::::::::::::::::::::: **練習二** ::::::::::::::::::::::::::::

　　試想想如何把負面想法變成正面想法，並把平日的負面想法寫下，再填上一個「正面版本」：

負面想法或自我對話	正面想法或自我對話
想不到今天下大雨。下雨天比賽我一定會輸。	沒有人喜歡下雨，但我可以跟其他人一樣在雨中比賽。
教練應該已對我絕望，他根本沒有看過我一眼。	他要照顧整個球隊。明天我就提早於練習前找他問問我的情況。
反正我們現在已經處於下風，不如為下場比賽留點力吧。	

中止思維法

　　部分運動員會覺得由負面想法變成正面想法不易做到，那麼運動員可運用另一種方法——中止思維法（thought stopping）。這是由負面想法改到正面之前，先把負面想法「中斷」。中斷形式很簡單，可以在負面想法

之後大聲喊「停！」，先冷靜下來，再以正面想法自我鼓勵。例如一位跳高運動員被負面想法圍繞：「欄杆太高了，假若撞欄怎麼辦？跳不好還可能會受傷。」這時運動員可以對自己的想法作出一個停止的提點，把負面想法截停，然後再用一個現實及正面的想法提點自己，例如：「助跑要做好，雙腳同時離地便行。」

　　除了用「停」一字，大家亦可以採用意象訓練法（參考本章第三節〈訓練三：意象訓練〉）中斷思維，例如想像道路上的停車標誌，或是紅色的按鈕等，只要能表達停止的意思即可。

::::::::::::::::::::::::::: 練習三 :::::::::::::::::::::::::::

　　如發生以下情況，一個懂得正面自我對話的運動員會如何應對？試填上你的答案。

情況	正面自我對話
遇上不公正的裁判	我們不能改變判決。如果我們專注自己的目標，無論什麼判決都不會對我們構成影響。
面對強隊或勝率比自己高的對手	對手未必能每次都有正常發揮，不過我知道我可以。我依然有機會勝出。
自己在比賽中失誤而被隊友批評	
訓練或比賽時犯錯、失誤	

個案分享一

最近筆者跟一名年輕劍擊運動員合作，他透露在比賽時經常過分急切上前進攻，所以不斷告訴自己不要急，久而久之，他的自我對話便自然變成「不要急」，可惜經過多番練習，效果好像不太顯著。

「不要急」這詞不夠直接，劍擊手改用「放慢」兩字，才是更正面的方法。一星期後，劍擊手還是覺得「放慢」不夠直接、不夠具體，筆者請他仔細描述著急和放慢時的表現，他表示放慢了速度時，發現自己會看到對方出手才上前進攻，不過這不是經常發生。

筆者於是跟他一起研究：既然要看到對手出劍後才開始踏步上前，那提醒自己注意對方的手可能比提醒自己放慢更有效。每次進攻前的自我對話最終由「不要急」變成「看手」，這個「上前進攻過於急切」的問題便得以解決。這就是用字精確的重要性：第一，我們不能假設所有正面自我對話一定有效，要先針對問題核心才能找到適合自己的自我對話；第二，我們要在練習時應用出來，觀察它的成功率，才能斷定它能否成為我們比賽時的提示。

個案分享二

來自澳門隊的一名網球員表示他在球場上最大的障礙是自己經常陷入一個非常負面的局面。尤其當自己局數落後時，便會覺得自己不應該用這樣的策略、剛剛失分是因為水準不夠等。如果他對其中一球不滿意，就會開始抱怨，造成惡性循環。

　　討論當中，筆者嘗試跟他探討其他令他失準的因素，例如教練的教學方式、練習次數、比賽時被對手影響的狀況等，同時介紹一項稱為「非批判性思想方式」的訓練，引導他每打完一球後不要去判斷究竟那一球是好是壞，因為「壞」或是其他負面字眼都是一種負面自我對話、自我評價，會直接影響運動員的情緒。其中一個有效方法是避免所有評語，並用一些指導性質的自我對話來代替，目的是引導自己關注客觀事物，減少主觀的情緒起伏。例如運動員出現失誤，不要把它歸納為「好」與「壞」，嘗試將它「中立」地看待，不加插任何判斷或評語，只提醒自己下一步要改善的地方，例如：身體位置低一點、球拍要提高一點、要注視對手等，引導自己下一球減少失誤。

知多啲

奧運選手運用自我對話

　　俄羅斯撐竿跳女選手伊仙芭耶娃（Yelena Isinbayeva）在 2008 年北京奧運跳高項目中的自我對話方式最為人熟悉。她在賽前數分鐘不停使用正向的自我對話，令自己進入巔峰狀態，最後不但成功奪得金牌，更打破了自己保持的世界紀錄。如有興趣看她賽前自我對話的片段，可於 YouTube 搜尋「Yelena Isinbayeva」，或掃描右邊 QR code。

第三節
訓練三：意象訓練

「今天比賽怎樣？」

「很差，可以更好。」

「一點都不滿意，有一球傳失了。」

中國的傳統思想主張人要保持謙卑，這方面也反映在不少運動員身上。根據筆者過往的諮詢經驗，若要求運動員描述自己已完成的練習或比賽，超過九成運動員都對自己的表現不滿意，急於把做得不夠好的情況描述得淋漓盡致，或是列舉出需要改善的地方。上一節「字眼的影響」提及這類負面回饋和自我批判會影響我們的判斷，並導致記憶混淆。假若我們的記憶儲存著許多表現欠佳的評價，不但會直接影響我們的情緒，更會影響我們日後對其他表現的記憶及判斷。要避免上述情況，除了把好的表現記下，還可以利用意象訓練，令記憶更加精確和深刻。

筆者曾經看過一個以運動心理學為題的電視節目《人體潛能超極限》，當中講述奧運選手長期接受密集式嚴格訓練，承受的壓力絕非常人能想像。節目分析他們如何學會全神貫注地做好運動員的任務，並將壓力轉化成動力，在艱苦環境下都泰然自若。節目中加拿大奧運跳高選手 Nicole Forrester 表示，每到比賽前一晚她都感到害怕，並希望比賽快些完結。不管是受訓了多少年、自己有多出色、教練多專業，她的心仍存有無數雜念。

事實上，壓力及雜念何止困擾奧運選手，就算是業餘運動員亦受其影響。比如一年一度的學界田徑賽，很多本地學界精英為了破紀錄、贏獎牌、為校爭光而承受沉重的負面壓力，有些運動員更因為賽前「想太多」而失眠，導致表現失準。究竟運動員怎樣才能減少雜念及壓力呢？很多人認為「想太多」會令自己更緊張、更大壓力，繼而影響比賽表現，但其實只要「想得對」，「想得多」絕不是壞事！

意象訓練（imagery training）：用五官把運動經驗形象化

根據著名運動心理學家 Jean M. Williams 的分析，意象訓練就是用自己的身體去感受，以及創造運動中的經驗。運動員可創造出從未經歷過的運動經驗，並用眼、耳、口、鼻和身體感受當時的情況。例如一名曲棍球員可以用意象訓練來嘗試進入比賽的亢奮狀態，減少壓力。他會用五官感受上一次比賽時的良好感覺：用眼去看隊友的排列、用耳去聽場邊觀眾的吶喊、用鼻去嗅球場草皮的氣味、用手去感受握棍的感覺、用舌頭去嚐汗水的味道。這樣的意象訓練能把那次精彩的運動記憶輸入自己的思想和神經系統。

當我們利用五官及豐富的想像力去創造不同的運動經驗，我們的大腦會誤以為我們在體驗真實的事件，從而把訊息帶給肌肉，令肌肉儲存記憶。一旦構思過的經驗在比賽時刻出現，原本已儲存的記憶就用得其所，我們便能更有計劃地作出應對。

筆者與香港男子棍網球隊於 2014 年世界賽前夕進行意象訓練。

意象訓練的好處

意象訓練有四個好處：

1. 控制情緒

運動員緊張時，可使用意象訓練來放鬆，例如想像一些平靜、正面的畫面。有位舞蹈員於出場前五分鐘會不停想像自己跳舞後非常有滿足感的感覺及情景，這有助提升他對表演的亢奮度及減低他的焦慮感。

2. 預先計劃訓練或比賽時會出現的不同情況及其應對手法

預先構思及感受從前的經歷，甚至未經歷過的體驗，令我們更自如地應對場上變數，減少比賽中突如其來的壓力。如足球員預計比賽當天會有

雷雨，賽事有機會暫停，就可以想像暫停時不同的應對方法：坐在哪裡休息、放鬆，怎樣於短時間內提升亢奮度再次上場比賽等。

3. 學習或糾正運動技巧，從而建立自信心

體操的整套動作及過程能按照運動員的意願去完成，而時間、技術亦是在控制範圍之內，故運動員能在腦海裡重複想像正確動作，提升動作的流暢度，並於腦海裡加以鞏固。對於籃球員新的比賽策略、網球員新的握拍方法、馬拉松選手新的跑步姿勢等同樣適用。

4. 傷患後的康復過程

由於運動員不能參與恆常訓練，意象能協助他們在腦海裡「排練」恆常訓練。此外，運動員希望消除傷患中的疼痛感，也可以透過意象訓練放鬆自己。一些放鬆的畫面包括在海中漂浮、在公園漫步等，讓自己恍如置身一個感覺更舒服的情境裡。

意象訓練要由淺入深

從未進行過意象訓練的人，最好從最簡單、最熟悉的情況開始，然後逐步提高意象的難度。

以足球員為例，以下是一個「簡單」的意象技巧：

先考慮個人意象。你站在球場的哪一角？是球場中線旁邊？還是對角位置？球場是怎樣的？草皮是淺綠或深綠色？龍門、觀眾席在哪一邊？能

看到更衣室的位置嗎？然後細聽場內的聲音。外面有否傳來車聲、鳥鳴聲？再嗅嗅草皮，它有什麼獨特的氣味呢？當時空氣清新嗎？能否嚐出賽前吃的那根香蕉的味道？再感受釘鞋踩著足球的感覺。踢球時用的力是輕是重？球飛到哪裡去？

「進階」意象技巧：

「進階」意象技巧涉及更多因素。穿著球衣的感覺怎樣？球鞋穿得舒服嗎？感覺是舒適還是侷促的？再看看隊友，他們仍在熱身嗎？教練在講話嗎？觀眾的歡呼聲有多大？有看到朋友來支持嗎？有聽到球證的哨子聲嗎？有感覺到剛才喝的運動飲料的甜味嗎？比賽初段防守策略是怎樣的？突然颳起大風，跑的時候阻力有否增加？到末段對手突然跟自己發生口角，場面是怎樣的？自己又怎樣冷靜地處理？在腦海中呈現的圖像越完整、越清晰，動作的意象就會越完整。

意象訓練的注意事項

1. 正面意象

大部分運動員都曾對自己的表現不滿意，腦海可能會常常浮現一些「失敗」的情景。不過，與訂立目標及自我對話一樣，意象訓練同樣應是正面的。當運動員向筆者講述「失敗」的經驗時，筆者會鼓勵他用五官去憶述一次表現理想時的感覺。假若經驗尚淺，難以想像好的表現，可參考優秀運動員的影片，令自己腦海裡常常保留著成功及正面的影像，再把自己代入角色，用意象以同樣的方式去體驗動作，感受比賽氣氛。

2. 環境的真實度

有研究指出剛開始意象訓練時要在一個安靜的環境下進行，慢慢熟習後就可以於較嘈吵、複雜的環境（例如公共交通工具或球場上）訓練。亦有研究建議先在真實環境或訓練場地練習，使運動員容易代入環境進行想像，習慣後便可在其他跟比賽不同的環境下進行，增加挑戰性。兩種方法都有其優勝之處，運動員可根據個人需要，選擇適合自己的意象訓練環境。

3. 何時何地用意象

筆者建議運動員每天進行一次意象練習，訓練前後、睡覺前都是理想的意象訓練時間。進行訓練時，想像畫面的時間長短亦可自行調節，如籃球員可以把整場比賽用 20 分鐘預演出來，亦可以用僅僅五秒想像射罰球的動作。

上述要點沒有優劣之分，運動員可以因應自己的喜好而訂出一個屬於自己的意象訓練計劃。

4. 用第一人稱、現在式創造經歷

進行意象訓練時可以把每一種情況變成一個個「劇本」，並運用五官去描述細節。要注意以下兩項：第一，用第一人稱，盡量把「我」放在每句之首；第二，雖然想像的情況還沒發生或已發生，但文法上應用現在式。這會令運動員恍如置身其中，使情景變得更加真實，猶如當刻親身經歷一樣。

個案分享

曾跟一名芭蕾舞蹈員合作超過半年，她因傷患接受手術，跟她開始合作時已康復九成，但因怕再次受傷而對表演一直缺乏信心。後來她接受為

期 10 星期的意象訓練，由最初想像自己冷靜地站在舞台旁邊、輕鬆面對觀眾及應對緊張情緒的畫面，到後來想像自己在舞台上順利完成一段難以完成的舞步，再從頭到尾想像整個表演項目。除了過程及舞步外，舞蹈員亦加插了許多個人觀感到訓練裡。以下是她意象訓練的其中一部分內容：

「……我在台側聽到掌聲不斷，大家都想看我表演。我看到觀眾，看到家人坐在第一排，他們對著我笑。我留意到自己心跳得特別快。我知道這代表我很亢奮，十分期待這次表演。我身體各部位，尤其是肩膀和腳部，都是放鬆的……這是我期待已久的畫面。我感覺到鼻子酸酸的。然後，歌曲悠悠播出，我走到舞台中心，開始把我學會的都表現出來……」

芭蕾舞蹈員的意象段落運用了：

- 第一人稱、現在式句子敍述
- 五官感覺，包括眼（看到觀眾）、耳（觀眾拍手、歌曲）、鼻（酸酸的）、感覺（心跳、身體輕鬆、亢奮）
- 正面的畫面

::::::::::::::::::::::::: 練習一 :::::::::::::::::::::::::

在自己的運動經驗裡，你能回想一次最佳的表現嗎？試把細節（包括五官感覺）記下。

運動：

地點：

情景或過程：

在描述情景時，有沒有包括五官感覺（眼、耳、口、鼻、身）？試圈出你
的答案。

A. 有

B. 有，但不夠仔細

C. 沒有

（如果答案是「有，但不夠仔細」或是「沒有」，可重溫這一節的內容）。

在描述情景時，畫面是正面、想發生的嗎？

是／否

:::::::::::::::::::::::::: 練習二 ::::::::::::::::::::::::::

在自己的運動經驗裡，你能回想一次表現欠佳的情景嗎？如果再經歷一
次，你會怎樣正面地應對？試把新的應對方法及過程記下，並加入五官感
覺令它更生動及深刻。

運動：

地點：

情景或過程：

在描述情景時，有沒有包括五官感覺（眼、耳、口、鼻、身）？ 試圈出你
的答案。

A. 有

B. 有，但不夠仔細

C. 沒有

在描述情景時，畫面是正面、想發生的嗎？

是／否

:::::::::::::::::::::::::::: 練習三 ::::::::::::::::::::::::::::

假設你對下個月的比賽場地非常陌生，而一向同行的教練又不能出席比賽。假若我們要預演此情景，你能用意象訓練把可能發生的情況及過程記下嗎？

運動：

地點：

情景或過程：

在描述情景時，有沒有包括五官感覺（眼、耳、口、鼻、身）？ 試圈出你的答案。

A. 有

B. 有，但不夠仔細

C. 沒有

在描述情景時，畫面是正面、想發生的嗎？

是／否

第四節
訓練四：壓力管理

　　無論是考試、選拔或比賽前，我們都曾經有手心冒汗、全身僵硬、肚痛等現象。運動員往往把這些現象標籤為「壓力」或「焦慮」。當心理學家發現運動員遇到類似的問題時，便會查看運動員能否找到個人壓力的來源。一個有效減低壓力或調節情緒的方法，是先了解自己情緒的源頭，再尋找管理情緒的途徑。

壓力的產生

　　當環境的轉變與個人經驗產生衝突，個人的心理評估認為自身的資源未能應付環境帶來的需求，危及個人原有的安適狀態，感覺有負擔，便會形成壓力。

環境需求（demand）> 資源（resource）＝ 有壓力
環境需求（demand）≤ 資源（resource）＝ 沒有壓力

　　例如，我手上有 50 元買午餐，但午餐價格是 60 元，當我發現負擔不起時，便會感覺到壓力。可是，當我發現午餐只需要 40 元或是剛好 50 元，因為午餐在支付能力範圍內，我便不會覺得有壓力。

註：上述例子只簡單描述了資源和需求之間的差異引致的不同反應，但評估環境需求是一個
　　主觀的判斷，所以擁有的資源是否足以應付環境需求，視乎個人對需求的看法。

面對壓力時，通常會經歷四個步驟：

例子：小明在教練鼓勵下，報名參加人生第一個馬拉松比賽。

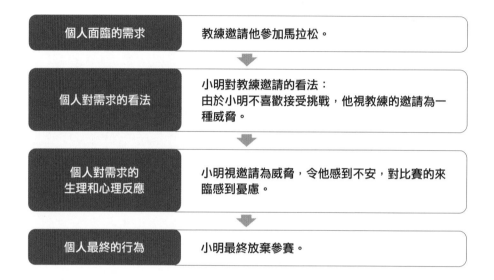

個人面臨的需求	教練邀請他參加馬拉松。
個人對需求的看法	小明對教練邀請的看法： 由於小明不喜歡接受挑戰，他視教練的邀請為一種威脅。
個人對需求的 生理和心理反應	小明視邀請為威脅，令他感到不安，對比賽的來臨感到憂慮。
個人最終的行為	小明最終放棄參賽。

焦慮的來源

1. 狀態焦慮

因特定情景引起暫時的不安狀態。狀態焦慮會因以下情況而改變：

重要性：有些人的壓力源於一些重要事項。例如在臨近奧運會的最後一個計時賽中，運動員特別重視這場比賽並希望成績達標，能夠獲選，代表國家參加奧運。他們會較其他運動員緊張、有壓力。

不確定性：研究發現事件的不確定性越大，壓力就越大。不確定性因素包括比賽期間的突發安排、傷患過後復出對自己臨場發揮缺乏信心等。不確定性的因素產生的壓力通常都在個人控制範圍以外。

2. 性格焦慮

雖然有些人在某些情況下才會感到焦慮，然而焦慮也可以是一種性格特質。有焦慮傾向的人會對不同事物視作威脅，也會較容易把壓力放大。

壓力與焦慮，分別在哪？

壓力，一般是短暫和主觀的，當我們認為自己沒有足夠能力應付環境需求時所衍生的一種反應。

焦慮，是對壓力的一種情緒反應。當我們感受到壓力，會產生焦慮的感覺，可以包括緊張、負面想法等。

壓力和焦慮有許多相同的情緒和身體症狀，例如不安、緊張、頭痛、高血壓和睡眠不足等，但它們的根源截然不同。有時即使沒有壓力或威脅存在，仍有可能產生焦慮感。

紓緩壓力的應對策略

大家有否留意自己面對壓力時的反應？每一個運動員面對壓力時的身體反應也不一樣，有些人會頭痛，有些人會掌心冒汗、心跳加速，這些都是正常的身體反應，關鍵在於大家能否注意到在不同環境中個人反應的變化，以及隨後的應對方法。應對壓力的方法大致分為兩種：

1. 問題中心應對方法（problem-focused coping）

這方法多用作解決控制範圍之內的壓力，努力改變或妥善管理問題便可應對壓力，比如尋求別人的幫助、減少消極的想法、做好時間管理等，從而消除因問題而產生的壓力。例如比賽當天遲了起床，結果熱身時間不夠而影響表現，這是自己可以及早處理、預防的問題，是一種不必要、可避免的壓力。其中一個解決方法是妥善安排時間，如設置兩、三個鬧鐘，令自己有足夠時間準備比賽，或前一天收拾好比賽裝備等。

2. 情感中心應對方法（emotion-focused coping）

這方法多用作解決控制範圍之外的壓力，例如球證誤判、被對手嘲笑、遇上惡劣的天氣、比賽延誤造成的壓力等。方法是以調整情緒來應付問題所帶來的壓力，例如嘗試放鬆或冥想等。下一節〈訓練五：情緒管理〉將會詳細講解深呼吸的方法。

個案分享

一名籃球運動員曾投訴教練在場外、場內都責罵他，尤其在比賽重要階段，令他倍感壓力。他曾經接觸處理壓力的方法，便問：「教練責罵我好像是一種不可控制的壓力吧？我選擇不予理會，用情感中心應對方法便可？」聽起來好像有其道理，不過心理學家不能假設運動員說的就是事實的全部，因為運動員間中會當局者迷。因此，要了解更多教練與籃球員之間的對話與資訊，以及教練平常執教時的行為。接著，筆者便問他：「教練主要罵什麼？他會罵其他運動員嗎？」

　　言談間，發現他經常忘記教練訂下的目標，導致教練認為他態度不夠認真。結果話題圍繞的，不是他怎樣應付教練責罵所帶來的壓力，而是討論他在團隊中的角色，以及他未能達到教練目標背後的原因。雖然被教練責罵看似不能控制，但發現了或可減少被教練責罵的改善方法，這正是運用問題中心應對方法，減少不可控制的壓力的出現。

:::::::::::::::::::::::::　**練習一**　:::::::::::::::::::::::::

試寫下（1）能控制及（2）不能控制的比賽表現因素。

能控制的因素	不能控制的因素
睡眠時間	對手
	裁判

阿傑是一位年輕的小提琴手，他發現每次上台表演時，總是會胡思亂想，覺得自己一定會彈錯音符，同時手腳又會不停顫抖。另外，他一直很害怕音樂老師，因為她對他過分挑剔。媽媽曾鼓勵他說：「你只是發台瘟，沒什麼好緊張的！」但他認為沒有太大幫助。根據以上描述的身體反應，你能提出一些解決方案給阿傑嗎？

_____

_____

_____

_____

_____

參考答案：

將負面想法（負面自我對話）換成正面或中立想法（正面或指導自我對話），表演前用意象訓練控制情緒，或預先構思演奏期間的情況和應對方法，將專注力放到現在式。

第五節
訓練五：情緒管理

　　華人社會比較少提及「情緒」，但別以為這代表憤怒只適用於一些情緒起伏很大的運動員。其實我們每天都會被情緒影響，例如開心、亢奮、緊張、失望等。不過談到比賽前的情緒，大家又會想到什麼？究竟我們需要一個怎樣的情緒才能夠發揮到正常的技術水平？有否聽過運動員經常提到自己「入局慢」、未夠亢奮或未夠放鬆而影響表現？原來這些都有關聯。以下將會介紹情緒管理及喚醒水平，可令你更了解自己的最佳水平，並調節喚醒水平，提升個人表現。

喚醒水平（arousal level）

　　喚醒水平是指生理與心理結合的程度，可以顯示一個人的清醒（awakeness）及警覺（alertness）水平。喚醒水平高的時候（指標的5-10），生理及心理會同時間被「激活」（activated）。相反，當喚醒水平低（指標的0-5），則相對會比較平靜。

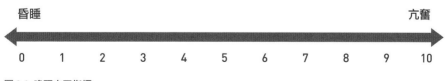

昏睡　　　　　　　　　　　　　　　　　　　　　　　　　　　　　　亢奮

0　　1　　2　　3　　4　　5　　6　　7　　8　　9　　10

圖 2.1 喚醒水平指標

以上是一個連續性的指標，我們每做一項任務都會在一個特定的喚醒水平下進行。從情緒角度來看，假若在最佳狀態下完成任務，就代表當時正處於最佳喚醒水平（上圖指標上的其中一個數字）。

比如說筆者今天有鋼琴表演，筆者從過往經驗得知自己喜歡在一個較平靜的狀態下表演，那才能有好的表現。如果用指標作為參考，筆者的理想喚醒水平大概是「4」。假若筆者在表演那一刻的水平高或低於「4」，即表演前太亢奮（指標上的「7」或「8」），筆者可能會因身體太僵硬，根本無法表演；或是太放鬆（指標上的「2」或「3」），警覺性不夠高而表現不好。

註：上圖只是供運動員參考的一個指標，而不是一個具體的測量器。例子中的喚醒水平「4」只是一個主觀的數字。

俄羅斯體育心理學家尤里・哈里恩（Yuri Hanin）發現每名運動員都擁有自己的最佳功能區域（individual zone of optimal functioning，簡稱IZOF）。這個最佳功能區域正正就是喚醒水平的最佳指標。

當運動員處於最佳的表現區域時，意味著他們處於自己的理想「激活」水平，亦代表他們的「亢奮度」剛剛好。

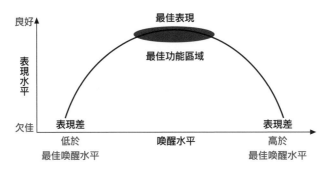

圖 2.2 **運動員處於不同喚醒區域的表現**

從圖 2.2 所見，紅色區就是每個人的最佳功能區域。而紅色區的右邊即代表過於活躍或亢奮，會影響表現。紅色區的左邊則是不夠活躍或亢奮，亦會影響表現。

每個人的最佳區域都不同。從圖 2.3 可看到，運動員 A 的最佳功能區域的喚醒水平（紫色曲線最高區域）比運動員 B（灰色曲線最高區域）為低。

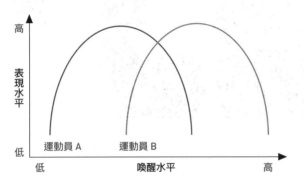

圖 2.3 **每個人的最佳功能區域都不同**

而不同的運動亦需要運用不同的肌肉，運動員的動作可分為粗大動作和精細動作兩種。

粗大動作（gross motor skills）：需要運用全身的技能，涉及身體的大型肌肉來執行日常功能，例如拳擊、跑步、踏單車等。

精細動作（fine motor skills）：需要用到小肌肉（例如手指）才能完成動作，例如射擊、桌球等。

研究指出做簡單或粗大動作的任務，喚醒水平普遍比較高。相反，參與複雜或精細動作的任務，喚醒水平普遍比較低。所以即使是同一名運動員，最佳功能區域或喚醒水平都會因不同任務、運動而改變。

筆者與香港殘疾人奧委會暨傷殘人士體育協會射箭隊教練討論選手入局、亢奮度與自信心問題。

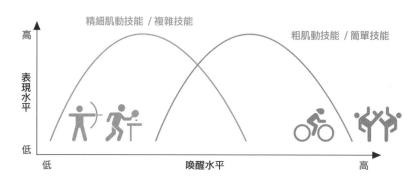

圖 2.4 **粗大動作和精細動作的喚醒水平**

尤里・哈里恩認為運動員狀態喚醒水平處於最適切的區域範圍內時，就會產生最佳表現。因此，他建議最有效的方法如下：

1. 先了解自己做不同項目時的最佳喚醒水平；
2. 運用適當的策略調整喚醒水平，令最佳表現可發生得更頻密。

找出自己的最佳喚醒水平

最佳喚醒水平是一個主觀的數字，運用指標留意自己的情緒、心情，並自我監控，能更易了解自己的最佳喚醒水平。

現在用大約五分鐘，先細看表 2.1 的指標，再回想自己表現得最好的一次比賽，然後填寫以下清單列表。

表現非常好	1	2	3	4	5	6	表現非常差
非常放鬆	1	2	3	4	5	6	非常緊張
非常有自信	1	2	3	4	5	6	完全沒有自信
比賽在掌控之中	1	2	3	4	5	6	完全控制不了比賽
肌肉非常放鬆	1	2	3	4	5	6	肌肉非常繃緊
感覺充滿幹勁	1	2	3	4	5	6	覺得非常疲倦
自我對話很正面	1	2	3	4	5	6	自我對話很負面
集中力很強	1	2	3	4	5	6	集中力很弱
感覺很輕鬆	1	2	3	4	5	6	感覺很費力

表 2.1 **回顧最佳表現清單**（checklist of performance states）

如果比賽經驗少，或是對往績不太滿意，試想想自己期望在一個怎樣的喚醒水平下進行比賽。把這個指標上的數字記下。

一旦了解自己的最佳水平，便可以運用不同策略自行調節達至最佳水平。

調校最佳喚醒水平或功能區域的方法

運動員遇上比賽成績欠佳，很多時歸咎於自己「不在狀態」、「入局慢」、「未準備好」等。假設你發現自己的最佳喚醒水平是「6」，從喚醒水平指標上看，這代表你的最佳功能區域在中間偏右的位置是表現最好的。

提升喚醒水平的方法

比賽前半小時，你覺得自己的喚醒水平還在「4」和「5」之間，似乎未夠亢奮，需要提升自己的亢奮度。可參考以下數個方法，於短時間內提升喚醒水平，令自己更活躍或亢奮：

- 增加呼吸頻率
- 聽節奏較快的音樂
- 用正面自我對話，將語速加快、語調提高（多說一些鼓勵性的話，參閱本章第二節〈訓練二：自我對話〉）
- 利用動感或激勵意象訓練（如想像速度快的動物在草原上奔跑，參閱本章第三節〈訓練三：意象訓練〉）
- 比賽預演（參閱本章第三節〈訓練三：意象訓練〉）

降低喚醒水平的方法

例如好友突然到場支持，使運動員於比賽前一直不停跟朋友說笑，比賽前一小時覺得自己過度亢奮會影響比賽，所以想辦法降低亢奮度，令自己處於一個比較平靜的心情下比賽。他可以參考以下方法，於短時間內降低喚醒水平，令自己平靜下來：

- 想像一些平靜的畫面
- 聽節奏較慢的音樂
- 深呼吸或腹式呼吸法
- 自我對話可以放慢語速，並調低語調

許多人只懂得用肺部呼吸，而不懂腹式呼吸。腹式呼吸能有效擴張血管，減慢心跳。方法很簡單，吸氣時注意腹部要膨脹（橫膈膜會隨之下降）；吐氣時腹部要收縮（橫膈膜會隨之上升）。

尚有其他進階呼吸方法，例如有節奏地呼吸：吸入與呼出的比率是1：2。試試吸氣時數三秒，然後呼氣時數六秒。對深呼吸有經驗的運動員可以試試用五秒吸氣，用 10 秒呼氣。

 知多啲

漸進式放鬆法

這是 Edmund Jacobson 醫生於 1920 年代研究出來的一項有系統地放鬆肌肉的方法，原理是把肌肉先拉緊後放鬆，從而提高運動員對肌肉群組的認識，並了解肌肉繃緊與放鬆的分別，把緊張感覺消除。

運動員坐在椅子上，首先由雙手開始，先緊握拳頭 5 至 10 秒，然後把手打開 30 至 40 秒。接著再把其他肌肉組群同樣先拉緊 5 至 10 秒、後放鬆 30 至 40 秒，並運用腹式呼吸法放鬆，步驟如下：

1. 張開口，令面部肌肉拉緊，後放鬆。
2. 縮起雙肩，讓雙肩貼近耳朵，令肩膀拉緊，後放鬆。

3. 頭垂下，直至下巴貼近胸前，令頸部肌肉收緊，後放鬆。

4. 雙手握拳並緩緩升起，至雙拳與膊頭成水平，上臂拉緊，後放鬆。

5. 腹部收緊，後放鬆。

6. 雙腳伸直，提高約五吋，將腳板向下拗，令腳掌拉緊，後放鬆。

7. 將腳板向上拗，令腳掌收緊，後放鬆。

註：以上需要平日恆常訓練，不能於比賽前一刻才嘗試。

　　筆者建議先在安靜的環境下進行放鬆練習，再於較嘈吵的環境下練習。很多運動員只懂得在寧靜環境下放鬆，若希望在緊張或比賽壓力下也運用以上方法，平日練習時應模擬比賽環境。例如透過意象訓練，或播放比賽片段或聲音，令自己置身於比賽模式，想像自己比賽時亦能有效地放鬆。

個案分享

　　一名非常出色的游泳運動員，年紀輕輕已是多項青年紀錄保持者，卻因為某幾次在同一場館比賽的成績比預期遜色，從此就多了一個「心結」：他視那場館為「詛咒」，每逢比賽在那裡舉行，他就認定自己會失敗。由他初次約見筆者開始，每次憶述那幾場比賽他都會落淚、流汗、肌肉繃緊，亦提到每次都因為太緊張而難以進入一個理想的比賽狀態。

　　筆者結合了情緒管理方法，以及一個名為「系統減敏感法」（systematic desensitization）的方法來減輕他的情緒起伏問題，意思是

反覆、分等級地讓運動員接觸令他焦慮的場地或物件，令他逐漸對場地或物件的焦慮不敏感。

由於他將場地看成一個威脅，於諮詢初期，他只要回想起比賽情景都會全身僵硬，需要運用腹式呼吸法來降低喚醒水平及平復心情。經過數星期的練習，筆者慢慢加入一些比賽元素，例如播出比賽時聽到的水花聲、召集聲，加強環境真實性，令運動員容易想像自己置身於現實環境之中，並於情景裡調整自己的喚醒水平。最後，筆者因應運動員的要求，跟他一起到比賽場地練習。「系統減敏感法」和情緒管理兩種方法混為一體使用，逐步令他消除對比賽場地的恐懼，以及調校自己的喚醒水平，達到理想狀態。

音樂、情緒與運動表現

音樂是人類的精神食糧，在我們日常生活中有很多不同的用途，例如陶冶性情、紓解壓力、分散注意力等。而音樂也常在運動中出現，例如健身房裡播放音樂、跑手在緩跑徑上邊跑邊聽歌、大型運動比賽開幕禮找著名歌手唱主題曲等，這些畫面一點都不陌生。曾在三屆奧運中勇奪無數獎牌的美國游泳選手菲比斯，於進場一刻還戴著耳機的情景亦令人印象深刻。究竟音樂怎樣直接影響運動表現呢？而音樂在運動中有沒有其他特別功能？筆者曾提到要達到最佳功能區域，一定要把情緒管理好，而聽音樂是一個可以幫助運動員管理情緒起伏的方法。以下將會探討音樂對運動表現的正面影響，同時給大家一些挑選歌曲的建議，希望大家學會透過音樂調整情緒，從而提升運動表現。

音樂的作用

音樂可以從五方面影響訓練及比賽表現，分別是解離、同步化、喚醒水平調整、提升動力及提升進入流暢狀態的次數：

1. 解離（dissociation）

解離是轉移注意力的一種技巧。在進行非高強度運動時，聽音樂可以減低運動員的專注度，並把注意力從負面轉移到正面。有效地解離可促進正向的心理狀態（例如快樂、亢奮），以及減少負向心理狀態（例如緊張、憤怒）。

2. 同步化（synchronization）

1982年及1997年進行的兩項運動心理學研究分別發現節奏對運動技能及表現有重大影響，同時亦證明了歌曲節奏會影響運動表現。聽不同類型的音樂可能會影響運動員的動作、節奏和表現。具體來說，一名單車手聽到一首節奏輕快的歌曲會被音樂影響，踏單車的速度因而提升。同樣，花樣滑冰選手會使用節奏緩慢的音樂去協助調節比賽節奏。

3. 喚醒水平調整（arousal regulation）

音樂能改變生理上的喚醒水平，可於比賽前當成興奮劑或鎮定劑來提升亢奮度或穩定情緒。聽一些節奏較快的歌可以令情緒高漲；相反，聽節奏較慢的歌可以令自己更平靜。

4. 提升動力（increase in motivation）

研究指出訓練時播放音樂有助提升運動員對訓練的興趣，改善運動員的學習態度，尤其如果歌詞帶鼓勵性，更容易提高動力。

運動心理學——
建立自信，盡展所長

5. 提升進入流暢狀態的次數（increase in flow）

本章第一節〈訓練一：訂立目標〉中初步介紹過運動員進入流暢狀態時的狀況，它是指運動員處於一個高度忘我、全神貫注、完全投入運動中的一個特殊自我享受狀態。音樂可以觸發與流暢狀態有關的情緒，從而提升進入流暢狀態的次數。

音樂、情緒及注意力的關係

2001年，專門研究音樂及運動的兩名運動心理學家Costas Karageorghis及Peter Terry發現人類對音樂的反應受內在因素（音樂因素）及外在因素（個人因素）影響：

1. 內在因素

例如聲音物理的本質，人類對音樂本身的旋律、音量或速度的反應。

2. 外在因素

例如文化因素及自己與音樂的關聯，某一首輕快的歌曲令人聯想起跟朋友的一段回憶等。

比賽前使用的音樂

例子一

2004年雅典800米奧運金牌得主凱莉‧霍爾姆斯（Kelly Holmes）當時選擇了艾莉西亞‧凱斯（Alicia Keys）的 No One 作為比賽前一刻聽的

筆者正為香港演藝學院舞蹈學士生授課。表現心理學於外國藝術界極為普遍。

歌，歌詞道：「Everything's going to be alright. People keep talking they can say what they like. But all I know is everything's going to be alright.」（「一切都會好起來的，他們可以繼續討論，喜歡說什麼便說什麼，但我知道的是，一切都會好起來的。」）歌曲及歌詞能協助她調整對賽事的不穩情緒，並幫助她實現目標。

例子二

前英格蘭國家隊球員傑西·林加德（Jesse Lingard）曾在訪問中被問及於比賽前挑選什麼歌曲來調節情緒，他的答案如下：

Me & U　Cassie
Say Aah　Trey Songz

Too Good　Drake / Rihanna

Feel No Ways　Drake

Weston Road Flows　Drake

Grab The Wheel　Lil Uzi Vert

T-Shirt　Migos

End Of Time　Beyoncé

Flawless（remix）　Beyonce / Nicki Minaj

Long Way 2 Go　Cassie

　　他特別挑選了一首節奏快的 R & B 歌曲，並在更衣室內聽，為自己做好心理準備，達至比賽情緒。

挑選歌曲小貼士

1. 比賽前播放歌曲

　　每個人都有自己的最佳喚醒水平區域（Individual Zone of Optimal Functioning，簡稱 IZOF）或最佳覺醒水平（optimal arousal level），你希望自己在怎樣的心理狀態下進行比賽？是平靜、輕鬆，抑或是亢奮？嘗試將情緒狀態放在 1 至 10 的量表（1 為最放鬆、10 為最亢奮）。你覺得自己於哪一個水平會有最佳表現？然後再挑選合適的歌曲去調整情緒，令自己比賽前或比賽時達到那個指標。如你是一名拳擊運動員，想在踏上擂台前一刻達到「9」的亢奮程度，就可以於比賽前選擇一系列快歌令自己情緒高漲。緊記太早或太遲進入亢奮狀態都可能會有反效果，所以要先認清自己想開始「亢奮」的時間，然後再挑選合適的歌曲。假如發現自己太亢奮，可以立刻聽一首較慢的歌來調整亢奮度。

如發現自己經常太輕鬆、未能把情緒調高，選歌時可以用「循序漸進」式。比如知道自己需要一小時預備，就要提早準備一小時的歌曲（大概 15 至 20 首），而最後一首可以是最勵志的，令自己在放下耳機的一刻立即進入狀態。以下是可加入賽前播放清單的一些建議歌曲，可供參考：

I Feel Good　James Brown
I Believe I Can Fly　R. Kelly
Perfect Day　Lou Reed
Ready To Start　Arcade Fire
Get Ur Freak On　Missy Elliott
Beat It　Michael Jackson
Don't Stop Believin'　Journey

2. 比賽中播放歌曲

由於每個人對歌曲的詮釋也不同，選歌時不能只考慮歌曲的內在因素，亦要考慮到它與自己的關聯。

以跑步這項運動作例子，短跑選手在比賽時可以選擇聽一些激昂、歌詞有力的歌，這會令運動與音樂同步化，使運動速度提升。這就是考慮到內在因素。

馬拉松選手要預備一些和運動表現無關的歌曲，尤其跑到後半部分，體力開始下降。在非最高強度運動下，選手希望用「解離」的方式把注意力從負面的體力不支、後勁不繼轉移到其他地方，以求完成比賽。這就是考慮到外在因素。

練習一

把你電話或音樂播放器裡的歌曲分類，藉此了解自己喜歡的歌曲的作用。

如果有些歌曲起不了任何作用，就不用把它填到列表中。

喚醒水平調整	解離或分散注意力	同步化	歌詞對動力的提升

練習二

琪琪是一名業餘跑手，與運動心理學家合作後，決定把音樂加入自己的訓練中，希望能夠幫助提升三個月後渣打馬拉松的表現。她已把時間及理想感覺寫到下面的列表裡，大家可以幫她找一些適合的歌曲嗎？

項目：半馬拉松

路線：尖沙咀彌敦道（近美麗華酒店）▸ 彌敦道（尖沙咀至旺角）▸ 亞皆老街 ▸ 櫻桃街 ▸ 連翔道 ▸ 西九龍公路 ▸ 3 號幹線 - 出口 3 ▸ 青葵公路 ▸ 折回點（近 3 號幹線 - 出口 4A）▸ 青葵公路 ▸ 西九龍公路 ▸ 西區海底隧道 ▸ 干諾道西天橋 ▸ 民寶街 ▸ 民耀街 ▸ 龍和道 ▸ 分域碼頭街 ▸ 會議道 ▸ 鴻興道 ▸ 馬師道 ▸ 駱克道 ▸ 波斯富街 ▸ 軒尼詩道 ▸ 怡和街 ▸ 糖街 ▸ 銅鑼灣維多利亞公園

目標時間：1 小時 45 分鐘

時間	理想感覺	挑選的歌曲的作用
0-30 分鐘	均速跑	
30-60 分鐘	要多點動力	
60-90 分鐘	分散注意力	
90-105 分鐘	加速衝到終點	

參考答案：

0-30 分鐘（均速跑）：選同步化的歌曲

30-60 分鐘（動力）：有勵志歌詞或能提升喚醒水平的歌曲

60-90 分鐘（分散注意力）：選能令自己抽離的歌曲

90-105 分鐘（衝到終點）：有勵志歌詞或能提升喚醒水平的歌曲

如果想做一個更詳細的音樂列表，可以根據比賽路線先計劃理想感覺，再安排歌曲及其次序。例如預先計劃從西區海底隧道出來後的上斜路段，究竟想得到什麼感覺？聽什麼音樂會最適合？留意路段的長短，再計劃歌曲的數目。

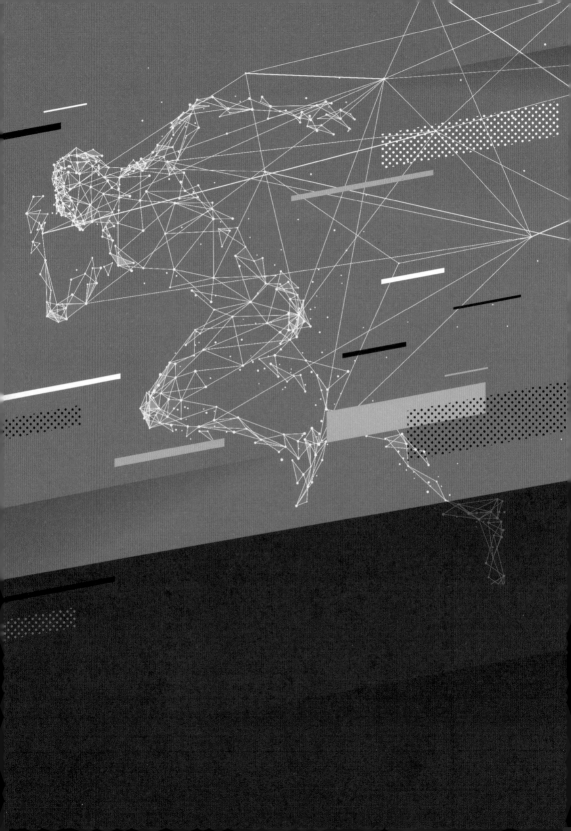

第三章

心理技能訓練（二）

看完這個章節，你將會明白：

- 提升運動表現的心理學技巧，包括：
  - 專注力
  - 心理熱身及賽前常規
  - 正念訓練
  - 自信心
- 怎樣利用心理學技巧提升表現

第一節
訓練六：專注力

「集中點！」

這幾乎是每位教練及家長的口頭禪，亦常常聽到運動員用「難以集中」作為表現不佳的理由。例如有運動員曾表示在長跑比賽尾段因出現疲態而集中不了，令表現失準；亦有運動員在球隊比賽當中，因專注力不足而未能接球，導致失誤，最終連累隊友、影響賽果。2016 年的里約奧運中，本地劍擊選手張家朗曾於賽後表示，在 16 強面對巴西選手時，受到巴西觀眾喝倒彩及巨大噪音的影響而不能好好發揮，最終未能晉級。以上皆牽涉到專注力的問題。

不同運動講求的專注度均有不同。例如高爾夫球比賽每天持續五、六小時，要不斷關注風向、讀果嶺、選球桿等；而相對靜態的運動如射擊、桌球等，則需要間歇性的高度專注。運動員應該怎樣保持適當的注意力？又或怎樣控制注意力？是否像開關掣一樣，需要高度專注的時候就把專注力「開動」，其餘時間則把專注力「關掉」？

當教練叫你「集中」時，有否想過教練究竟要求你在什麼地方上集中？而教練叫運動員「集中」時，究竟有沒有反思運動員應該在哪部分提升專注力？

認識專注力

專注力主要分為四類：寬闊（broad）、狹窄（narrow）、外在（external）、內在（internal）。運動員要懂得分辨及控制專注力的寬度及方向，才能提升自己的專注力。

1. 專注力的寬度（由寬到窄）

不同運動對專注力的需求都不同。一些較著重團隊合作的運動如籃球、足球等更需要寬闊的專注力。例如足球員除了要留意自己的走位外，也要注意與其他隊友的配合、對手走位等。

相反，跳水、射擊等較著重個人技術的運動，則需要相對狹窄的專注力。例如跳水運動員只需要注意自己的動作或與隊友的配合，射擊運動員亦只需注意標靶等。

2. 專注力的方向（由內到外）

當要調整自己在運動場上的決定或策略，就會用內在的專注力；而當要注意對手或運動場上的事物，就用到外在的專注力。

按照專注力的寬度和方向，專注力分為四類，分別為：寬外、寬內、窄外和窄內。筆者試以一名籃球員在日常訓練的情況作為例子，分析不同類別的專注力：

寬度 方向	寬	窄
外	寬外：快速評估情況 （籃球員評估應把球傳給哪一位隊友）	窄外：集中一至兩個環境裡的提示 （籃球員把目光投放到籃板）
內	寬內：分析和規劃 （籃球員在腦裡想著進攻策略）	窄內：比賽預演或控制情緒 （投籃前快速預演一次籃球會從哪個角度或以什麼弧度投進籃框）

注意力問題

我們的注意力會受到不同因素影響，主要分為內在和外在因素：

1. 內在因素（自己）引致的注意力問題：

- 被過去的經驗影響（注意力在過去，例如被過往的成績影響）
- 被未知結果影響（注意力在未來，例如擔心賽果）
- 壓力下出現「手緊」情況（亦即發揮失常）
- 過度關注身體動態
- 疲勞

2. 外在因素（環境）引致的注意力問題：

- 視覺上令自己分心的事物
- 聽覺上令自己分心的事物

「手緊」

「手緊」情況（choking）指運動員在比賽中面對巨大壓力、心理狀況出現轉變、思維混亂，導致發揮失常。「手緊」是一個持續性的失常情

況。如在比賽中段開始出現「手緊」，狀態或會逐漸惡化，並有可能持續
到比賽完結。

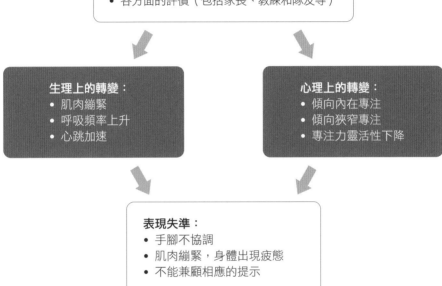

圖 3.1「手緊」情況導致表現失準的原因

提高現場專注力的方法

　　每個人的注意力都是有限的，所以我們要在有限資源下引導自己關注
重要的事物。

　　長時間比賽會令運動員感到疲倦，容易分心。要重新令運動員集中精
神，或許需要給予一些提示。較常見的引導方法是以對話、視覺或動作的

方式，提示運動員重新投入比賽。例如用一句簡短的指導性自我對話：「球！」，或運用身上一件物品（例如鞋帶、手套）作視覺上的提示。動作提示亦是一個可行的方法，例如美國職棒球隊紐約洋基（New York Yankees）外野手亞倫‧賈吉（Aaron Judge）會把手放進球場土壤之中，再把手上的泥土扔掉，對他來說就是「忘記上一個失誤，重新專注下一球」的方法。其實用什麼方法不太重要，只要緊記每個人都能夠創造出令自己集中的方式，並於平日練習時使用，便會在比賽中更容易應用出來。

除了以上的對話、視覺和動作提示外，心理學家亦透過研究發現其他提高現場專注力的方法：

1. 用對話、視覺或動作上的提示，尋回分散了的專注力

長時間專注會令運動員疲倦，容易分心，也是導致失誤的因素之一。美國職棒球隊紐約洋基（New York Yankees）外野手亞倫賈吉（Aaron Judge）曾表示，每當他在球場上犯錯，他會把手放進球場土壤之中，再把手上的泥土扔掉，對他來說是「忘記上一個失誤，重新專注下一球」的有效方法。筆者喜歡拍一拍自己的肩膀，作為重新專注的方式。

除了以上的動作提示，較常見尋回專注力的方法就是自我對話，或運用視覺上的東西，重新投入比賽。例如以一句簡短的指導性自我對話「看球！」來作為提點，或是比賽期間望向身上物件來提示自己，例如鞋帶、手套等，將焦點重新定位。

其實使用以上哪種方法並不重要，每個人都可以運用自己的創意，創造出令自己專注的方式。平日練習時應該先做好類似的準備功夫，並重複試驗，那麼比賽時才能夠熟練地應用起來。

2. 在日常練習中模擬比賽情況

運動員可以把比賽元素加入練習中，例如比賽在早上八時舉行，平日練習也應該盡量在八時開始；如比賽在戶外舉行，便盡可能在室外練習，或在室內播放戶外的聲音，製造一個跟比賽相近的環境。奧運前夕，美國運動心理學家會與比賽隊伍合作，跟運動員進行數次綵排，例如與跳水代表隊進行的賽前訓練，會宣讀參賽名單、引入觀眾拍手聲，令跳水選手習慣比賽模式。

3. 建立比賽常規

當我們建立了比賽常規，並透過日常練習和比賽把這些常規轉變為習慣，我們便能把有限的專注力投放在一些突發或意料之外的事情上。常規可包括比賽前要做的事，可能是跟好朋友聊天，或是聽音樂、吃自己喜歡的食物等；常規亦可包括比賽中的常規動作，例如一名體操運動員在每次比賽前一定會拍兩下手、深呼吸一下、望一望評判，才開始自己的一套動作。（詳情可細看本章第二節〈訓練七：心理熱身及賽前常規〉）

4. 用轉移專注力練習控制視線（參考以下練習一）

集中於「現在式」：運動員容易被「過去」的成績影響，例如一名空手道選手在比賽前發現要跟對手 A 對打，而對手過去的得勝率比自己高，而影響了自己的比賽表現；運動員亦會被「未來」或假設性的問題影響，例如幻想比賽輸了教練會有懲罰、隊友會怎樣看自己等。當發現自己專注在「過去」或「未來」時，就要把專注力集中到「現在」——即此時此地究竟最重要的是什麼？得知此刻最需要的是什麼後，運動員便要訂出當下的目標，把專注力集中在目標上。比如空手道選手雖然在比賽中落後，不

筆者與本地甲一籃球隊東方龍師解釋比賽常規的重要性。

過他知道過分在意賽果只會令他專注不了，於是便把注意力集中在當下他認為最需要關注的事情上——做上擋動作時雙手要提高一點，然後用自我對話「手要高」來提示自己。

　　W. I. N.：一個更容易的方法就是把重點放在「W.I.N.」。雖然本身的意思是「贏」，不過它在這裡是指「What's Important Now」（什麼是目前最重要的）。這是一個很方便的集中提示。

個案分享一

筆者有一次應學校邀請跟田徑、奧數代表隊舉行工作坊，事前體育老師表示奧數和田徑隊同學的最大問題是比賽前過分緊張。在工作坊中，筆者問學生比賽時擔心什麼，他們的答案如下：

田徑隊同學	奧數隊同學
去年在同一個比賽項目中落敗	去年完成不了試題
剛完成的項目成績不好，感覺今天狀態不好	失手
被同學嘲笑自己跑得慢	被老師責罵
偷步	輸給自己同學
被取消資格	
被教練責罵	
擔心對手成績比自己好	

筆者把學生的答案按時序（過去、現在、未來）分成三類，可以看到憂慮的答案全部都屬於「過去」或是「未來」。

過去	現在	未來
去年在同一個比賽項目中落敗（田徑）		偷步（田徑）
剛完成的項目成績不好，感覺今天狀態不好（田徑）		被取消資格（田徑）
被同學嘲笑自己跑得慢（田徑）		擔心對手成績比自己好（田徑）
		輸給自己同學（奧數）
去年完成不了試題（奧數）		失手（奧數）
		被教練／老師責罵（田徑、奧數）

學生可以用不同方法去克服負面情緒（緊張）或壓力，其中一個方法是把專注力放到「現在」，想想當前的目標及任務，減低過去表現對「現在」的影響，並避免不必要的疑慮。大家能否幫以上學生想想「當下目標」可以是什麼嗎？例如，在田徑場旁邊拉筋、深呼吸、重複鼓勵性質的自我對話都可以是當刻需要完成的事（目標）。

個案分享二

早前筆者與一籃球校隊進行專注力遊戲。由於他們從未接觸任何專注力訓練，筆者先令隊員認識及感受不同專注力的區別。其中一個練習是要拓展他們在球場上的視野及提升專注意識。筆者要求教練安排他們五對五對打，當教練吹響哨子，球員必須停止動作並閉上雙眼。

筆者隨機抽問其中幾名球員：「你們能記住隊友們的準確位置嗎？」大部分球員只能答對一、兩位隊友的位置。當他們開始掌握遊戲後，筆者就增加難度，邀請教練問球員一些策略性的問題，例如：「準備要把球傳到哪裡？」、「現正在進行哪一種策略？」、「為什麼你會向那個方向走？」等。

這個練習有兩個目的：首先，可以令運動員訓練「寬外」（評估球場上的隊友及球的位置）和「寬內」（分析和規劃策略）兩種專注力及它們之間的轉移，提升個人對自身技術的專注，並留意隊友和周邊的環境。同時，教練也可以測試球員對策略的認識，並於短時間內提升「窄內」的專注力。

筆者向小學田徑、奧數隊講解「現在式」的專注力。

練習一
意象及專注力練習

1. 假若大家每次比賽都需要專注兩件事，那會是什麼？試列出來。

（一）＿＿＿＿＿＿＿＿＿＿＿＿＿＿＿＿＿＿＿＿＿＿＿＿＿

（二）＿＿＿＿＿＿＿＿＿＿＿＿＿＿＿＿＿＿＿＿＿＿＿＿＿

2. 究竟兩件事中，哪一項最重要：
（一）／（二）

3. 用意象訓練把自己置身於理想的比賽情景，想像時保持放鬆，留意自己的呼吸，並集中於「1.」列出來的兩件事。

4. 為進入預備狀態訂立一個提示，可以是動作、口語或視覺提示。

5. 專注「現在」，然後忘記「過去」及「未來」。平靜的把自己帶到「現在」，然後用「4.」的提示帶自己進入預備狀態。

:::::::::::::::::::::::: **練習二** ::::::::::::::::::::::::
轉移專注力練習──
由窄外到寬外的專注力練習

運動員必須站立完成練習。

第1步：雙腳打開與肩膀同寬。

第2步：緊握拳頭，雙手向前伸直。

第3步：將視線完全投放到雙手中間的空間上（例如遠方有一個書架，就用心把整個書架的細節記下，例如書本的顏色、擺放的角度等）。

第4步：雙手向兩側拉開，再合上，切記不要轉移目光，重複做數次。

第4步的動作就像拍照時把鏡頭伸縮，這練習的目的是要運動員習慣把專注力由窄變闊，再由闊變窄，令運動員專注於書架之外，也能注意到書架旁邊的擺設。若籃球員養成此習慣，則容易看到球場上的整體變動，提升在運動場上的應變能力。

:::::::::::::::::::::::::: 練習三 ::::::::::::::::::::::::::

轉移專注力練習──
由內到外的專注力練習

很多運動員因面臨即將比賽的壓力，肌肉就會繃緊起來，像是一個無法動彈（freeze）的狀態。此時，運動員想跑想跳想發力，但肌肉好像不聽話一樣，然後，就會有意識的將專注力放到肌肉去。

以跳遠運動員為例，如起跑前運動員不停有負面的想法，或是任何跳躍動作也好像無法控制一樣，他的專注力就會很容易放在體內。要慢慢解除這個無法動彈的狀態，除了覺察身體帶來的不同反應外，就要刻意將專注力轉移到外部環境去，例如自己的跑鞋，或是沙池的落點。

運動員就算平日在沒有壓力的情況下訓練，也可以嘗試練習將專注力由內到外的轉移：先刻意緊握拳頭令肌肉繃緊，然後再慢慢將專注力轉移到訓練場地的某個點，重複數遍。

第二節
訓練七：心理熱身及賽前常規

不知大家比賽前會否做足「熱身」？

大家可能均回答「會」，並聯想起與拉筋相關的動作。以團隊運動為例，每逢比賽前，運動員總會各自做自己的事，有些會跟隊友說笑，有些會仔細檢查比賽裝備，亦有些會選擇聽音樂。接著在教練指導下進行集體熱身、策略訓練等。完成熱身後，大家都顯得格外留神，好像已做好充足準備去迎接比賽。但這樣就真的代表做好「心理」準備嗎？

運動員有時於比賽時失準，其一原因是賽前沒有做足「心理」準備。一個全面的熱身應包括「身」、「心」兩個層面，除了令身體適應比賽節奏外，有效的全面熱身亦會帶給運動員自信、輕鬆自在的感覺。

運動心理學家跟運動員做賽後檢討時，發現他們常在第一節比賽仍未「進入狀態」。假如比賽節奏快，比賽初段對方已得分或佔上風，團隊節奏及策略很容易被打亂，隊員的信心亦會因此而大減。

根據美國運動心理學家 Dr. Adam Naylor 的分析，我們很容易被自己的身體狀況混淆，影響思維。例如熱身時流汗，汗流浹背的感覺會令我們誤以為自己已進入比賽狀態。可是，我們很少會考慮到頭腦其實也需要熱身。要從哨子響起的一刻便進入狀態，要懂得調整心理，以最佳狀態開始比賽。

心理熱身（mental warm up）

究竟怎樣才算做好心理準備？

1. 處理「重點思維」（big thoughts）

「重點思維」指的是比賽的策略、技術、團隊合作等事項。由於每場比賽所用的策略都不同，而記下這些重點思維比較費時，運動員應在熱身前把它們記下。熱身後時間較為緊迫，就集中記下基本、簡單、瑣碎的思維。

2. 認清自己上場的計劃，再處理「基本思維」（small thoughts）

過度複雜的思維只會減低比賽的專注力，所以踏上運動場那一刻，必須把思想簡化。由於運動員早已記下重點思維，上場前只需要緊記一至兩個簡單要點。試想想教練訓練時的提醒，例如防守時手要提高、跑步時重心要低、移動速度要快等。集中在簡單要點上，令自己頭腦清晰，更容易投入比賽。

3. 掌握賽前感覺

熱身時要嘗試找出比賽的「理想感覺」。你希望在一個怎樣的心理狀態下進行比賽呢？是平靜、亢奮還是輕鬆的？有些運動員在亢奮狀態下會有好表現，但有些則要放輕鬆才能發揮得好，亦有人介乎兩者之間。如果覺得自己容易提不起勁，可選擇走動一下、跳繩或聽節奏較快的音樂，令自己更亢奮。如覺得自己在放鬆狀態下會表現得更好，就找個安靜的角落，聽一些柔和的音樂、拉筋和深呼吸。提早進入比賽狀態是非常重要

的。（要找到自己的最佳喚醒水平，可參考第二章第五節〈訓練五：情緒管理〉。）

4. 用動作提醒自己進入狀態

從更衣室走到場上一刻，必須用動作提醒自己比賽模式已啟動。究竟什麼動作能告訴自己要進入狀態呢？單車、馬術運動員可以戴上頭盔；籃球、足球運動員可以穿上球衣、繫好鞋帶；歌手經過虎度門踏上舞台前會做手勢，提醒自己已經「準備就緒」，正式上場比賽、表演。

賽前常規（pre-competition routines）

除了在比賽時要做足心理準備，練習時也要懂得調整心理，以最佳狀態開始訓練。運動員在熱身前要先記下「重點思維」，如當天訓練重點、要注意的技術訓練等，並在熱身時掌握好訓練感覺。熱身完畢後記下兩至三個「簡單思維」的要點，再以動作提醒自己上場要進入狀態。如訓練時能夠培養「身」、「心」熱身的習慣，比賽時的心理狀態自然更容易調校。另外，常規有三個好處：

1. 有系統地寫下自己的賽前習慣，提高自我意識；
2. 全部任務集中在控制範圍內；
3. 了解自己的賽前需要及預先計劃將會面對的問題，減少壓力和焦慮。

運動員應嘗試建立自己的常規程序，令自己更容易適應比賽節奏。

例子：

假設筆者是一名羽毛球運動員，準備參加下月的區際比賽。筆者喜歡聽音樂，亦根據過往經驗，知道自己於情緒指標上的最佳喚醒水平是「7」，所以使用以下的賽前常規表，列出比賽前要處理的任務及理想情緒狀態（常規表只作參考）：

開賽前倒數 時間、地點	當刻喚醒 水平／狀態 （指標）	任務／挑選的歌曲
開賽前 2.5 小時 地點：家裡	3	由於筆者不想太早想起比賽情節，會用以下方法令自己抽離： • 吃早餐 • 看一套 30 分鐘的電視劇 • 跟家裡的貓玩
開賽前 1.5 小時 地點：地鐵上	4	筆者將喚醒水平保持在「4」，以避免太快進入最佳喚醒水平。 • 聽音樂（在路途中會聽 10 首歌）
開賽前 45 分鐘 地點：羽毛球場館觀眾席或場館外	4 → 6	筆者開始進入比賽狀態。 • 準備所有比賽裝備（球拍、水、毛巾等） • 場外緩步跑、拉筋、練習步法 • 處理重點思維（跟教練討論比賽計劃、策略） • 把比賽前已準備的鼓勵性質自我對話紙張拿出，並跟著唸
開賽前 25 分鐘 地點：羽毛球場館觀眾席	6	筆者將喚醒水平保持於「6」。 • 上廁所 • 聽音樂 • 喝水 • 透過意象，想像自己比賽時數個正面的畫面（如失誤後很快用專注力及自我對話技巧把它忘記，重整專注力；或最後一局每球都打得乾淨俐落）

開賽前 15 分鐘 地點：報到區	6 → 7	筆者將喚醒水平提升至「7」。 • 聽輕快的歌曲 • 報到
開賽前 5 分鐘 地點：報到區	7	• 處理基本思維（一至兩個可控制的過程目標） • 選擇一首歌曲，賽前播放一次 • 提示自己比賽即將開始（用動作或字句提醒）

:::::::::::::::::::::::::::　**練習**　:::::::::::::::::::::::::::

　　試建立自己的常規程序，並寫下開賽前的時間、地點、喚醒水平、任務和思維。（喜歡聽歌的讀者也可以按照第二章第五節〈訓練五：情緒管理〉「音樂、情緒與運動表現」的建議，寫下對自己運動表現有作用的歌曲。）

開賽前倒數 時間、地點	當刻喚醒 水平／狀態 （指標）	任務／挑選的歌曲
開賽前 _____ 分鐘 地點：		
開賽前 _____ 分鐘 地點：		
開賽前 _____ 分鐘 地點：		
開賽前 _____ 分鐘 地點：		
開賽前 _____ 分鐘 地點：		
開賽前 _____ 分鐘 地點：		

第三節
訓練八：正念

　　上述介紹的理論和方法（包括自我對話、最佳功能區域、應付壓力的方法等）都是一些傳統的心理訓練。數十年前，「正念」開始被看成一種新興的心理方法，亦被稱為第三代行為治療（third wave behavioral therapy），以提升人類生活質素為目標。傳統心理訓練一向假設負面情緒會影響人的最佳狀態，故主張以正面情緒取代負面情緒，如運動員懂得應用，就更容易達到理想的心理狀態。不過，傳統心理訓練亦有它不足的地方，例如當我們出現負面情緒時，用正面自我對話取代負面自我對話，有機會令運動員感到自己在抑壓當刻的負面情緒，未能使他們完全應付競技場上的逆境和時刻維持最佳狀態，而正念這種心理方法，正可彌補許多傳統心理訓練的不足。現時，許多運動員開始運用正念達到理想表現水平。

　　筆者每年觀賞美國男子職業籃球常規賽（NBA）都會想起前美國紐約人隊（New York Knicks）主帥菲爾‧積遜（Phil Jackson）曾於某年賽季前在視頻上的一番話：「雖然我知道這會是一個極具挑戰性的賽季，但我們每個人都在自己的崗位不停奮鬥；支持者要對我們有信心，保持樂觀心態，我們會令紐約人回到最高水平。」積遜被譽為 NBA 歷史上最偉大的教練之一，更經常被傳媒尊稱為「禪師」，原因是他對東方哲學及禪宗有濃厚興趣，不但會進行正念禪修，還引導運動員和教練組成員做冥想（meditation）練習。他曾在記者會上解釋，正念訓練是他取得成功的重要因素。

不知大家對菲爾・積遜所修煉的正念是否熟悉？正念源於佛教，「念」可譯為念根，是佛教的五根之一。佛教的主要觀念稱為「八正道」：正見、正思惟、正語、正業、正命、正精進、正念及正定；正念是「八正道」不可或缺的一環。美國卡巴金（Jon Kabat-Zinn）博士指出，「正念是以一種特定的方式來覺察，即有意識地觀察（on purpose）、活在當下（in the present moment）、不帶批判（non-judgmental）去感受身邊一切。」正念雖源於佛學，卻與一般宗教的信仰、儀式或意識形態有異，是一種生活方式，更是一套古老的身心科學。卡巴金博士於 1979 年設立了正念減壓療法（Mindfulness-Based Stress Reduction），這種療法以減壓及提升注意力為主，而在現今社會裡，正念已發展成為一種有系統的心理療法，用來對抗疾病及都市病。

正念是什麼？

正念是無論面對順境或逆境，都要接受它的存在，不對其加以判斷，高度專注當下的任務，並留意當刻的感受及反應。

以吃蘋果為例，若我們要在吃蘋果時保持正念，即集中於吃蘋果的過程，並留意吃蘋果時的感受及反應。我們要注意自己是否正在專心吃，一旦發現自己注意力分散了，就要有意識地把注意力重回到吃的過程。

又例如我們面對疼痛時，會以消除疼痛為目標。如果無法做到，就會感到沮喪或焦慮。假如運用正念去面對，我們可以先學習接受疼痛的存在，並關注疼痛的感覺：究竟它是一種怎樣的痛楚？是灼傷的痛、刺痛，還是絞痛？當我們開始將注意力由消除疼痛轉為感受疼痛的感覺，能令我

們在困境中了解身心，減輕逼迫自己處理疼痛的緊張感，並在不知不覺間消除痛楚。

同樣，要面對哀傷、悲痛等負面情緒時，正念可令我們留意當刻的情緒變化，並不對其加以判斷。這種認知會令人有放鬆、如釋重負的感覺。

早於 70 年代，正念已在運動心理學教科書出現，這種源自東方佛教思想、結合了西方心理療法的運動心理訓練方法，當時已是研究焦點，並在應用上得到有效驗證。

1985 年，正念減壓療法首次應用到體育領域，就像菲爾・積遜於職業運動員時代把正念融入訓練一樣，一群丹麥運動心理學家為大學運動員和奧運賽艇代表隊提供了正念冥想訓練。其中大學運動員的表現超出了教練的預期，而在奧運會獲得獎牌的運動員亦指正念冥想幫助他們激發最大的潛能。

筆者與其他運動心理學家在 2016 年初於劍橋大學出版社出版的 *Mindfulness and Performance* 中著有〈中國運動員正念訓練計劃及其效用〉（Mindfulness Training Program for Chinese Athletes and Its Effectiveness）一文，當中提及運動心理學家與中國飛鏢運動員進行了七週的正念訓練，包括正念的基本理念、要點，以及不同的正念應用練習。從飛鏢測驗的結果來看，運動員的飛鏢成績都有一定程度的提升。研究顯示，正念訓練在以自我表現為主的運動上（例如射擊、跳水、高爾夫球等），比對抗性的運動（例如拳擊等）更有效，因為前者要求運動員內心更平靜與和諧。不過，由於正念好處眾多，例如能提升專注力、減壓等，就算是對抗性的運動亦值得一試。

正念能夠對運動員產生以下四方面的正面作用：

1. 控制及提升專注力

正念能夠幫助運動員有效地控制注意力，專注於當前的任務，並在注意力分散的時候重新集中到當前的任務上。

2. 提升自我意識（self-awareness）

正念令運動員更加清楚在面對比賽壓力時，身體可能出現的反應，並幫助他有效地應對「手緊」的情況。（可參閱本章第一節〈訓練六：專注力〉）

3. 不會妄下判斷

面對逆境、挫折或情緒起伏時，運動員若能夠避免對這些刺激作任何評論和反應，便能有效地解決情緒反應帶來的影響。

4. 客觀地覺察

運動員能夠從第三者的角度出發，客觀地留意自己在訓練和比賽時的變化。這跟「不要妄下判斷」類近，要從自己的角色抽離，用第三者身份觀察。

訓練正念

正念是可以透過練習訓練出來的，筆者會介紹其中兩種練習給大家參考，並在日常生活中練習。

1.「單一行事」練習（single-tasking）

隨著時代不斷進步、科技日新月異，我們每分每秒都在進行不同任務。為了完成繁忙的工作，我們可能邊講電話、邊用電腦、邊吃午餐；乘搭交通工具時很少會把手機放下。只要能把任務順利完成，我們都習慣同步進行不同的事情。不過，假若我們停下來，用正念把每個任務看成是「單一」任務──代表我們只關注其中一項，並留意自己參與任務時的感覺和變化，集中於該任務上而不理其他事物，能夠令我們更放鬆、更集中。

第1步：閉上眼睛，把食指輕輕放在額頭上。

第2步：深呼吸，留意當刻感覺。

第3步：開始描述感覺。可否從它的特質（手指是否軟軟的貼在眉頭邊？）、溫度（手指是暖暖的，還是冰冷的？）、脈搏（如果感覺到脈搏的跳動，速度是快還是慢？）具體說明感覺及變化如何？

第4步：用10秒時間留意這個感覺及其變化。變化是指溫度有可能從暖變冷，或是脈搏跳動的速度、節奏可能會改變。細心、客觀地觀察它的改變。

2. 呼吸練習（mindful breathing exercise）

第1步：在位子上坐直，閉上雙眼，將注意力集中在自己的呼吸上。不必試圖去控制它，只要「感受」你的呼吸，感覺空氣從鼻孔進出。

第2步：緩慢地吸氣、呼氣。然後再來一次，一直重複動作。好好感覺這些呼吸的動作，想像空氣慢慢從鼻孔及嘴巴進入，走到身體每一部分。

第3步：重複呼吸動作。假如你發現自己的注意力開始分散，就要把它拉回來，重新回到呼吸上。

註：這個練習的重點，是要令你在分心時，懂得把注意力拉回來。

個案分享

2017 年初，一名三十多歲的業餘跑手決心為慈善出一分力，和朋友組隊參加年底的毅行者活動。開始訓練後肌肉經常出現痠痛，他擔心自己完成不了賽事，所以每次都懷著矛盾的心情去練習，亦知道要順利完成 100 公里，必須抵受得住疲倦的感覺。他曾經嘗試運用不同方法分散注意力，例如多留意路邊的自然生態、播放音樂、不停用正面自我對話鼓勵自己等，不過疲倦感覺依舊。

諮詢初期，我們先做了一些簡單的正念呼吸練習，然後再把疼痛作為注意的中心。筆者建議他先想像自己坐著觀賞表演，例如在迪士尼樂園小鎮大街兩旁看表演。重點是看著巡遊花車一輛一輛經過，留意有什麼迪士尼人物出現？他們穿什麼服飾？聽到什麼聲音？有沒有爆谷的香氣？就像仰天看著雲飄過一樣，但不加以評論。習慣這種客觀觀察後，筆者便引導他用同樣的方法仔細觀察自己疲倦的感覺。究竟這種感覺在哪裡感受到？於哪裡比較集中？於哪裡會感受到痛楚？運動員留意到他小腿的痛會隨著脈搏一下一下地浮現又消失，當脈搏跳動的時候，痛楚會比較強烈，但當自己留意著它的起跌，痛楚就會慢慢消失。

除了疼痛外，焦慮（anxiety）亦可以用正念解除。有些人會因為考試、表演或比賽而感到焦慮，亦有人可能因為結交新朋友或出席交際場合而感到緊張。首先，我們要了解自己焦慮的原因及來源。以下是一些引致焦慮的例子：

獨處	遲到	跟別人單獨相處
考試	公開演說	面試
學業成績	交際場合	駕駛
跟陌生人談話	難以進入睡眠狀態	要在限期內完成工作

:::::::::::::::::::::::::::: 練習 ::::::::::::::::::::::::::::

留意自己焦慮的模式，有助應對它的來臨，令焦慮變成一件「預料之內」的事，而非一種突如其來的感覺。我們可以用列表留意自己焦慮的時間、情況、思想及身體反應。每週的開首可以先觀察自己在什麼時候會容易進入焦慮狀態，以便預知一些會令自己焦慮的情況。

例子：

日期：4/3/2019（星期一）				
	早上	下午	黃昏	晚上
情況	學校小測		體操訓練	
思想	擔心不及格		害怕因忘記剛學的翻騰動作而被教練責罵	
身體反應	口乾、前一晚難以入睡、呼吸急速		肌肉繃緊、心跳加速、肚痛	

大家可以用下面的列表嘗試記錄每天焦慮的情況：

日期：＿＿＿＿＿＿＿＿＿＿＿（星期＿＿）				
	早上	下午	黃昏	晚上
情況				
思想				
身體反應				

當我們覺得焦慮時，可先做一些簡單的正念呼吸練習，然後學習接受焦慮的存在，並關注焦慮帶給自己的感覺。把焦慮作為中心，看看它究竟怎樣影響我們的身體。例如發現自己心跳加速、頭痛，我們不要妄下判斷，慢慢地細心觀察焦慮帶來的影響。留意它的變化，比如說心跳有沒有加快或減慢？當我們全心注意這些變化的感覺時，就會開始放鬆，並放棄對抗焦慮。

結論

1. 無論生活怎麼忙碌，記得偶爾停下來，檢視自己的感受、情緒和想法；
2. 日常活動中，對自己的所做、所說、所想，一直保持不判斷的覺察；
3. 經常留意自己身心的反應和變化；
4. 靜觀身體的感受、情緒和想法的變化，如同在屋內看著窗外天空的變化一樣。

每天花一些時間進行正念訓練，可大大增強注意力及自我意識，除了對運動員有幫助，一般人也能受惠，大家不妨一試。

第四節
綜合練習：提升自信心

　　本地大部分運動員都是業餘運動員，除了應付學業或工作，還要參與比賽及訓練，有些學生更在校內偶爾會參加音樂或朗誦表演等，經常要面對新挑戰。筆者不單遇到運動員害怕比賽，亦曾經遇到學生於比賽前臨陣退縮，或因為太緊張缺席比賽，這些情況均被視為缺乏「自信心」。究竟什麼是自信心？自信心是與生俱來，還是可以訓練出來的？究竟我們怎樣運用心理訓練去提升信心，面對各種挑戰呢？

　　一般人對「自信心」沒有太深認識，會認為它是一種虛無縹緲、「不全則無」（all-or-nothing）的狀態。自信心通常取決於當天的心情和狀態，所以一般人覺得自信心是一種感覺，而不是一種信念。

自信心不是一種感覺，是一種信念

　　自信心是相信自己能做到某種行為的一種信念（belief）。

　　以下是六個與自信心有關的名詞：

1. 性格的自信（trait self-confidence）

　　性格的自信是一般情況下對自己成功達到目標（或勝利）的肯定，屬於個性的一部分，所以這種人的自信心較穩定。

2. 場合中的自信（state self-confidence）

場合中的自信是在特定場合時所擁有的自信，因場合而異，所以較不穩定。

3. 自我效能感或自我完成的預言（self-efficacy）

如果心中相信某事情會發生，通常會加強這事情發生的可能性。

著名心理學家班杜拉（Bandura）於社會學習理論（social learning theory）中提出的自我效能感的概念與自信心最為接近。班杜拉認為，自我效能感著重的是人類用其擁有的技能去完成任務。因此，自信心是對自己能成功完成該項任務的信任程度。

4. 最理想的自信心（optimal self-confidence）

這種自信心能夠幫助運動員達到或超過目標完成事情。

5. 缺乏自信心（lack of confidence）

缺乏自信心的人會自我懷疑，導致憂慮，喪失集中力，優柔寡斷。

6. 過度自信或假自信（overconfidence）

過度自信或假自信都會使自信心缺乏能力的支持，變得鬆懈、輕敵。

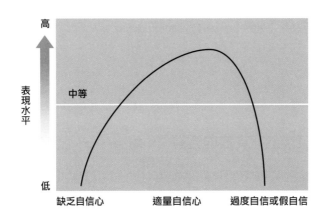

圖 3.2 **自信心與個人表現**

從圖 3.2 所見，缺乏信心的人（圖左下方）傾向集中自己的缺點，這會令注意力分散，從而影響成績。過分自信的人（圖右下方）表現亦會下降，因為他們認為不需要盡全力準備也會有好成績。

自信心如何影響運動表現？

三名心理學家 Wells、Collins 及 Hale 曾經做了一個舉重實驗，把 24 個未受過舉重訓練的大學生隨機分成兩組。實驗分為兩節，在第一節，兩組同樣舉 130 磅，全部運動員也能成功達標，而第二節的詳情如下：

第一組：他們舉起的重量比他們相信的為重（槓鈴 130 磅，不過參加者被誤導以為只有 110 磅）

第二組：他們舉起的重量比他們相信的為輕（槓鈴 130 磅，不過參加者被誤導以為是 150 磅）

　　實驗結果顯示，第一組成功舉起槓鈴的比第二組多，原因是他們以為第二節的槓鈴比第一節輕，對自己再次成功舉起極有信心；相反，雖然真正的槓鈴重量沒變，不過第二組對能舉起 150 磅的信心相對較低，而影響了表現。

　　由此可見，個人對賽事的期望非常重要，因為它大大影響自信心及表現。

如何建立自信心？

　　要建立自信，可以先從其來源著手。自信心的主要來源如下：

1. 過往比賽的成功經驗

　　如果曾經有成功的經驗，不妨把它記下，並用意象訓練技巧仔細描述當時的情景及心理狀態，因為它會是你最可靠的自信來源。例如那次比賽的天氣、流程、裁判、隊友、比賽節奏、主觀感覺等細節都一一記低，然後用意象訓練重複想像畫面，令印象更深刻。

2. 模仿或接觸成功的例子

　　給運動員接觸及模仿成功的例子，是成功的運動隊伍的訓練模式。這對缺乏經驗的運動員來說尤其重要，因為他們過往的成功例子不多，而且可以靠其他成功例子來判斷自己的能力。試想想在自己專注的運動項目裡，哪一位運動員是你欣賞或敬佩的？假如他是一名世界級運動員，就多看他的比賽錄影、訪問；假如他是隊裡的成員，就多留意他練習時的模

樣，並透過意象去模仿他的動作，能有助提升自信心。(可參考第二章第
三節〈訓練三：意象訓練〉)

3. 正面的自我溝通或自我對話

運動員要先預備一系列正面的字句，並於訓練時開始使用。這些句子
要因應比賽情況而定，比如在召集區等候、比賽開始一刻，跟賽事進行中
的自我對話都會不同。(可參考第二章第二節〈訓練二：自我對話〉)

4. 強健的體能及技能

足夠或強健的體能及技能是自信心的基礎。用目標訂立方法提升體
能及技能，有助提升個人自信。(可參考第二章第一節〈訓練一：訂立目
標〉)

5. 穩定的情緒及喚醒水平

情緒控制能幫助運動員建立和穩定自信。運用情緒管理的方法，令
自己每次訓練及比賽都達至最佳喚醒水平。(可參考第二章第五節〈訓練
五：情緒管理〉)

✍ 小測驗

　　對於你專注的運動項目，你是充滿自信、缺乏自信，還是過度自信？試用以下的測試來了解自己的自信水平。運動員要在「缺乏自信」、「有自信」、「過度自信」中填寫百分比，以上答案加起來會等於 100%，如下述的 20%、70%、10%。

	缺乏自信（％）	有自信（％）	過度自信（％）
運動／項目：（舉例：跳遠）＿＿＿＿＿＿＿＿＿			
對於每次能完成＿＿＿＿＿（舉例：跳 5.8 米）的信心有多大？	20	70	10
對於下列數項，你的自信心有多大？			
1. 把技術發揮出來			
2. 於比賽中做出關鍵性的決定			
3. 集中精神			
4. 於壓力下有良好表現			
5. 成功運用戰略			
6. 全力以赴			
7. 於比賽中控制情緒			
8. 體能及訓練充足			
9. 能從谷底中站起來			

樂婷是一名田徑運動員，擅長 100 米及 200 米短跑，曾是香港青年紀錄保持者。樂婷平日訓練時態度認真，教練亦對她的潛能抱有很大的期望。可是，樂婷在一次比賽起跑時犯規，從此每次比賽前一刻，她都會懷疑自己的實力，經常猜想假如比賽輸了會怎樣、起跑再失誤會怎樣、比賽成績不佳教練的反應會怎樣、爸媽會否對她更加失望等，她亦會跟自己說一些負面的自我對話。結果樂婷一次又一次在比賽時表現失準，教練覺得她缺乏信心，經常鼓勵她「不用怕」，不過這反而令樂婷越來越怕，甚至想逃避訓練及比賽。

究竟樂婷可以怎樣重拾她對田徑的信心？

1. _____

2. _____

3. _____

4. _____

參考答案

- 把負面自我對話改成正面自我對話
- 用意象訓練回想自己的最佳表現及細節
- 用自我對話、目標訂立及訓練專注力的方法令自己集中於任務上
- 壓力管理：尋找壓力來源，並因應她的控制程度，再尋找方法減輕壓力

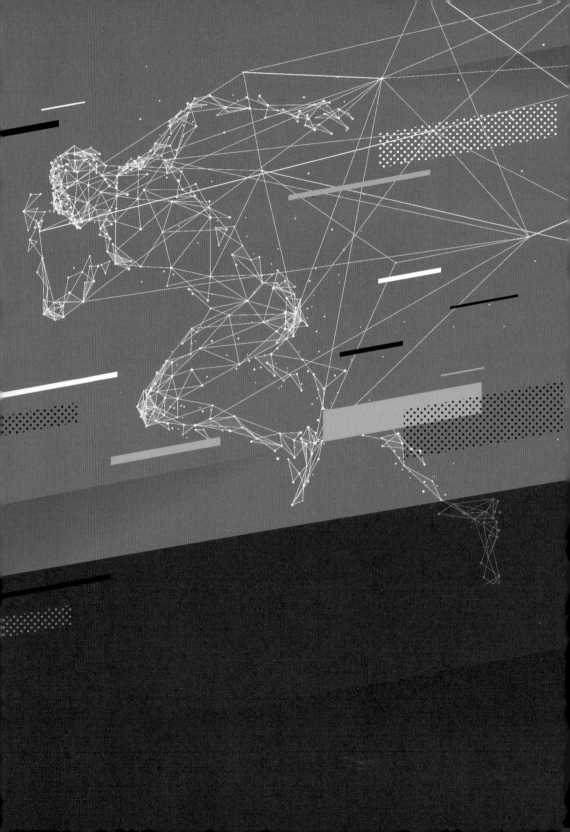

第四章

體適能心理學：
怎樣培養做運動的動力？

看完這個章節，你將會明白：
- 運動對心理質素的正面影響
- 動力的來源
- 動力下降的原因
- 提升做運動的意欲
  - 提升動力的方法
  - 了解及善用自己的能量

近年，香港人越來越注重個人健康，有人因為受到啟發或得到別人鼓勵而做運動，亦有人因為身體出現毛病而開始注意健康。促進個人健康有很多方法，有些人會根據營養餐單改變飲食習慣，有些人會戒煙戒酒，亦有些人會訂下詳細的運動目標，例如學瑜伽、上跳舞班、參加馬拉松賽事等。

談及做運動改善健康，筆者發現有些人訂下運動目標時一鼓作氣，不過最後還是擱置所有計劃。起初的那份衝勁能帶來顯著效果，促使我們有動力繼續向目標進發。可惜，數星期後，考試、工作令作息時間改變，心情不佳令「煙酒癮發作」，身在異地的朋友回港要外出用餐……漸漸，給自己的藉口越來越多，最後察覺自己已有兩個星期沒有踏足健身房，出外吃飯的次數又突然增多了。結果，原來訂下的目標好像變得很遙遠，計劃擱置、打回原形的情況非常普遍。為何有些人能持之以恆地做運動，有些人卻總是提不起勁？這跟性格有關，還是可以改變的？不想做運動的時候，究竟可以怎樣尋回動力？怎樣才能在實行計劃途中保持著那份衝勁及動力？

無論你是容易受心情影響而放棄做運動的讀者，還是為了戒掉壞習慣而經常健身的讀者，均可細心閱讀本章，了解運動如何影響人的心情，同時更深入認識自己，調整現有的運動習慣及更充分享受運動帶來的樂趣。

第一節
運動對心理的正面影響

做運動能帶給我們許多正面影響，例如改善心肺功能、提高記憶力、擴闊社交圈子等，但運動心理學家較有興趣研究的是運動對人的心理影響，尤其是在身心健康方面，例如減少壓力、抑鬱和焦慮等問題。運動被喻為一種「可預算的壓力」，因為它是定期、有計劃的壓力，有助身體更容易適應及處理日常生活中突如其來的壓力。心理學家曾進行實驗了解運動對個人情緒的影響，以下兩個運動實驗簡單敍述了運動對情緒的正面影響。

實驗一：運動與抑鬱程度的數據分析

2007 年，一群來自美國北卡羅來納州及佐治亞州的心理學及精神科專家進行了一個為期四個月的實驗，對象是 202 名被診斷患有抑鬱症的成年人。實驗共有四種不同的治療方式，參加者被隨機安排到其中一組：

第一組	在監察下做帶氧運動，每星期三次，每次 30 分鐘。
第二組	跟第一組一樣，不過在沒有監察的情況下在家中做運動。
第三組	參加者會被安排服用抗抑鬱藥，劑量會因應參加者服用後的反應而作出適當調整。
第四組	參加者會被安排服用安慰劑（亦即「假藥」，是一種模擬藥丸），但實驗員會告訴參加者服用的是真藥；第三組跟第四組的參加者不會知道自己是服用真藥或是假藥。

心理學家在實驗後分析參加者的抑鬱程度，結果顯示：

1. 第一組參加者的抑鬱程度低於第三及第四組參加者；
2. 第一組約有 45% 參加者及第二組約有 40% 參加者根據診斷標準不再患有抑鬱症，證明他們已經通過實驗康復；
3. 就抑鬱程度而言，以運動為治療方法的參加者與服用藥物治療的參加者沒有明顯落差，證明運動對抗抑鬱的作用與服用藥物的作用相近。以運動為治療的兩組參加者在體能方面更有所提升。

實驗二：運動與人的焦慮感分析

在這個實驗中，實驗員要研究的是運動對人的焦慮感（anxiety sensitivity）的變化。焦慮主要是當人受到環境影響而產生極端想法，例如有「我快要失控了」、「我必定尷尬死了」等憂慮。

實驗員從大學選出一班焦慮感較高的參加者，把他們分成兩組，安排第一組進行一個為期兩週的「中等強度運動」實驗，每星期做三次運動，每次 20 分鐘。第二組參加者就被安排到「不做運動」或「低強度運動」組別。

實驗員以心跳作為焦慮感指標，在實驗結束後再次量度所有參加者的焦慮感，發現第一組參加者每分鐘的心跳率比之前顯著下降，而下降幅度竟然與其他接受了三個月心理治療的參加者一樣，證明運動能降低人的焦慮感。

雖然這兩個實驗都有其不足之處，例如在第一個實驗中，參加者本身的抑鬱程度不同，令結果不完全準確，但心理學家從實驗中了解到做帶氧運動能正面影響個人情緒。

上述兩個實驗足以證明運動能降低抑鬱與焦慮程度，可作為治療抑鬱症的方法之一。不過，這並不代表運動能夠代替其他心理疾病的治療，尤其是一些嚴重的心理病，例如有自殺傾向或任何病情有惡化跡象的人。專家建議將藥物或心理治療與運動結合，才是最有效的治療方法。

第二節
做運動的動力受個人心態影響？

什麼是「動力」？大家對「動力」一詞的定義有否感到模糊？

筆者經常聽到教練和老師責罵運動員缺乏「那團火」，感覺他們不認真練習，必須要找回動力才會有更好的表現。動力，是怎樣「找回來」？有些運動員認為動力是一股額外的力量，亦有運動員認為沒有動力是因為自己技術水平不夠高。大部分教練和運動員對動力的認識不深，所以會對「動力」一詞存在不同的理解。

動力的來源

以下是一般人對動力的理解：

1. 動力就像人體內的一井水，需要動力時就從井裡提取來用；
2. 如果今天沒有動力，怎樣也不能改變狀態；明天動力來了，就會努力；
3. 只要耐心等待，動力就會出現；
4. 動力跟性格有關，缺乏動力是一種性格上的缺陷。

我們每天都要做無數個決定，而動力就是驅使我們去做決策的那股力量。由我們早上起床決定吃什麼早餐、到晚上決定去公園散步，都是源自

我們的動力。我們每刻想做的事情都不止一樣，只是這些事情同時在我們的腦海裡競爭、排序，而我們最後決定做哪一項事情會被周邊的人、環境和個人心情影響。

　　如下圖，小孩現在分別想做三件事：吃東西、看電視和玩電子遊戲。這個時候，媽媽從廚房端出小孩最喜愛的薯條，小孩「吃東西」的動力就會大大提升，「吃東西」便會在三件事中「勝出」，而另外兩件事就被暫時擱置。

圖 4.1 **競爭中的動力**

　　所以，我們沒有動力去做某些事，並非我們沒有意欲去做，而是因為在那個時刻，我們更有動力去完成別的事情。

我們的動力因何動搖？

1. 近朱者赤，近墨者黑

我們的決定和行為會受身邊的人影響。例如經常流連街頭的青少年跟黑社會結交及來往，從中得知販毒及偷竊可以賺錢，他們努力找正當職業的動力就會被這些誘惑掩蓋，而跟黑社會做朋友的動力就會提升。假若身邊的同學非常用功讀書，我們腦海裡跟唸書有關的動力會更大機會「勝出」，令我們更用功讀書。所以，當朋友跟你說她參加了瑜伽班，或每天放學後會到健身室做運動，你腦海中跟運動有關的動力也會上升。

2. 環境

環境會改變我們做事的動力。如前文提及，媽媽端出薯條令小孩不需要自己拿東西吃，加上薯條的香味提起小孩的食慾，這個環境改變提升了小孩「吃東西」的動力，令「吃東西」成功勝出。

3. 心情

我們的心情和狀態亦會影響我們做事的動力。如果其中一項任務相對較難完成，我們完成其他任務的動力就會提升。例如筆者在訓練前已經感到非常疲累，腦海裡只在想自己應該「努力完成訓練」還是「回家休息」。若剛巧當天訓練較平時艱辛，令筆者感到沮喪、難以集中，腦海裡「停止訓練、回家休息」的動力就會提升，令「努力訓練」的動力下降。

動力下降的原因

1. 忽略未來的潛在障礙

在計劃工作或作出決策時，我們經常把任務一拖再拖，認為未來總會有更多時間完成任務。原來我們傾向忽略未來帶給自己的潛在障礙，誤認為未來會有充足時間令自己完成工作或任務在將來會更容易完成，令安排計劃時常出錯，最後便沒有動力完成工作。

例如筆者計劃用五個月時間把此書寫完。剛開始因忙著完成其他工作，認為將來時間會更充足，所以當時沒有花很多時間寫書。根據以上理論，由於被邀請撰稿時，筆者只著眼於未來尚有五個月的空餘時間，誰知到截稿前兩個月，工作、生活仍然非常繁忙，發現自己根本抽不到時間完成此書，結果寫書的動力漸漸下降，未能按照預定時間完稿。

我們常常認為，當未來工作量減少，便會更容易戒煙、能安排更多時間休息、做運動等，結果未來跟現在一樣繁忙，最終令自己沒有動力做運動。

2. 未來回報打折扣

許多跟人類做抉擇有關的實驗指出，當人面對「現有回報」或「未來有更大回報」兩種決策時，一般認為回報的價值會隨時間而減少，同時亦認為未來存在太多不確定因素，寧願選擇現在得到回報。假若大家要進行抉擇：選擇現在拿走＄40，或是在數個月後拿走＄60，你會選擇等待，還是現在把現金拿走？雖然選擇會受回報類型（例如金額面值）、等待未來

回報的時間（例如時間長短）影響，但數個實驗都發現大部分人傾向選擇早點拿走回報，原因有二：第一，$40 是現在已經可以花費的一筆金錢；第二，$60 屬於「未來錢」，雖然金額較大，但由於人普遍認為未來存在不確定因素，衡量得失後，寧願現在拿走 $40。

以運動為例，大部分人會想辦法令自己更健康，這是基於一個潛在的未來回報。換言之，我們知道做運動能夠在未來帶給我們許多身體上的益處，可惜有兩個原因令我們卻步：第一，我們需要現在下苦工，才能令自己更健康；第二，等待未來的獎勵需時，我們必須耐心等候，而人主觀認為未來難以預測，所以延遲的回報未必能夠實現。

相比下，我現在不下工夫，繼續吸煙、坐在沙發上看電視，就可以即時獲得吸煙或看電視帶來的快感。所以當人計算過得失後，很大機會會打消做運動的念頭。

3. 過度幻想

人類是結果導向（outcome-oriented）的動物，會為了結果而向目標進發。研究員曾進行一個有關幻想和實際理想的實驗，訪問了一班大學生，分別要他們幻想一些生活狀況及對不同事情的想法及期望，例如幻想他們理想的戀愛對象、對期末考試的評分標準的想法等。經過多番測試後，研究員發現那些具體說出想法的學生（例如有詳盡計劃如何達到目標），比只作出幻想的學生，更容易達到理想目標，並認為假若對目標結果過於理想化，其實會減低達成目標的意欲。

運動心理學——
建立自信，盡展所長

　　實驗員發現，過度美化結果會降低人實現理想的機會。把這個理論應用到運動上，如果做運動是為了減肥，我們不應只是留意廣告上模特兒的身形，並幻想自己的身形很快便如模特兒那樣。因為過度幻想會降低我們努力做運動的動力；相反，如果我們投放更多工夫去實現我們的小目標，會更容易實現目標。（要學習怎樣訂立目標，請參考第二章第一節〈訓練一：訂立目標〉。）

　　以上三種原因都會影響我們做運動的動力，那麼究竟怎樣才能令自己保持動力，甚至提升動力？讀者不妨參考下一節的方法。

第三節
提升做運動的意欲

提升動力的方法

1. 環境上的改變

美國經濟學教授塞勒（Richard H. Thaler）跟法律學教授桑斯坦（Cass Sunstein）都認為改變環境有助提升人的動力。意思是在環境上作出微小的改變，令我們渴望完成的任務在腦海裡的「競爭」中更容易勝出。

塞勒及桑斯坦從日常生活開始進行實驗。他們發現大部分男士如廁時都欠缺公德心，導致洗手間衛生環境惡劣，地板經常弄得慘不忍睹，便設法提高男士如廁瞄準的動力，改善洗手間的衛生情況。實驗在荷蘭阿姆斯特丹機場進行，實驗員在每一個尿兜沖水口旁邊刻上一隻小蒼蠅。由於男士如廁時一定會看到蒼蠅，為了把小蒼蠅沖走，就會更準確地瞄準尿兜。

結果顯示，一隻小蒼蠅可以令尿液漏出尿兜的幅度大大降低85%，令人意

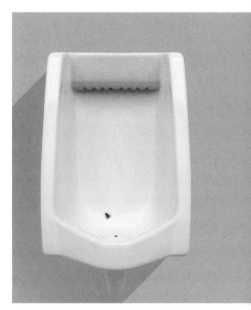

圖 4.2 尿壺沖水口旁的小蒼蠅

外。相比起在廁格上掛上一幅「請保持地方清潔」告示牌的傳統做法，這個小小的改變的成效大得多。最終，這個方法傳到美國各個州，改善了當地洗手間的衛生問題。

瑞典首都斯德哥爾摩於 2009 年把某地鐵站的樓梯改造成一個巨大的鋼琴鍵盤，施加壓力便會奏出音階。結果，走樓梯的乘客比平日多出 66%。筆者近日看到港鐵站貼上「多行樓梯、多點健康」的海報，鼓勵乘客多做運動，不過走樓梯的人寥寥可數。雖然音樂樓梯成本較貼海報高，但瑞典的做法在環境上的改變更有效。

圖 4.3 音樂樓梯

這個方法亦可應用到運動上。所謂環境上的改變，並非指搬到體育館附近居住，或住在設有私人健身室的屋苑。當然，這能夠提升我們做運動的動力，但如此大的改變不切實際。我們可以試用其他簡單的方法改變環境，提升做運動的動力，令做運動不再費勁。

（一）提前拿出運動服

如你想每天上學前或上班前跑步，可以前一晚把運動服裝、運動鞋放在床邊，或至少放在房間內同一個地方，翌日不用浪費時間及力氣尋找適合的服裝，去跑步所需要花費的精力便會減少。

（二）掛上鼓勵的標語或自己完成運動時的照片

第二章曾提及自我對話其實是一種「提示」，能夠提升個人在競技場上的行為和表現。除了言語提示外，動作和視覺上的提示都會影響我們的行為，提升做運動的動力。如大家有留意內地及外國的體育場館，不難發現場內和場外都張貼了勵志的標語、得獎運動員的照片及海報。這個環境上的改變，除了為運動員打氣外，亦給予運動員「提示」，提升他們努力訓練的動力。當自己做完運動後，不妨拍一張照片，然後放在書桌上，提醒自己完成運動的滿足感，也能達到同樣效果。

（三）只帶一張百元鈔票傍身

選一間離家有些距離的食肆去吃早餐，就把吃早餐當成走路到食肆的一個獎勵。前一晚先把八達通收起，錢包裡只放一張百元鈔票，以避免自己「偷懶」乘車前往。為增加動力，平日即使路經該食肆，也盡量避免入內進餐，規定自己只能走路過去才能光顧。

（四）喜歡的東西放到運動袋裡，並視它為獎勵

大家把喜歡的東西與運動配對，能令自己更想做運動。例如筆者最近非常喜歡看某套日劇，或是閱讀一本偵探小說，便可以把 iPad 或小說放到運動袋裡，並要求自己每次到健身室跑步時才能看；或是做運動後才能看，當作獎勵，減低空閒時間在家裡拿出來看的機會。

ⓘ 知多啲

超級市場跟其他零售商一樣，老是想辦法影響你的消費習慣和行為。

一向有逛大型超市的讀者們，不難發現超市的擺設是精心設計的，而設計都是靜悄悄地改變著你的購物行為，意圖令你花多點錢。

新鮮、五顏六色的東西外表吸引，所以超市門口必定會擺放蔬果和鮮花以吸引顧客。而柴米油鹽、雞蛋等必需品一般放在超市最深入的位置，務求顧客必須走過不同通道才到達，那麼就能令顧客更容易邊走邊購買其他東西。另外，超市會把熱門商品放在我們的視線高度，創造一個令你買東西不費力不費神的環境，以提升顧客的購買意欲。

所以，讀者想要改變自己的運動行為，不妨使用同樣招數，改變家裡的環境，提升自己做運動的意欲，例如上述環境上的改變（一）至（四）的提示。

2. 行為上的改變

（一）制定合約

1992 年一項體適能心理學調查發現制定合約對人做運動的動力有一定影響。市面上很多健身中心運用合約銷售方式，令消費者跟健身中心簽訂長期合約。雖是一種營銷手法，但亦有助提升消費者做運動的意欲。大家不一定要跟健身中心簽合約，不妨選擇跟私人健身教練簽約，甚至跟友人自製合約。合約內容可包括具體訓練計劃、期望、責任等，並把目標、完

成時間及訓練結果寫下。調查結果發現，有合約在身的運動員出席訓練的比率大大提高，因為它能令運動員持之以恆，所以簽約有提醒及警惕運動員的作用。

（二）做運動時才穿運動服

把穿著運動服變成一種做運動的提示，與做運動這個行為聯繫起來。假若我們穿了運動服去逛街、看戲，這個聯繫就會減弱，降低我們做運動的意欲。所以，如果我們只是外出買午餐，或是去逛街、看戲，就最好不要穿運動服了。

（三）把目標寫下，跟家人朋友分享

如以增加做運動次數為目標，可以把每週目標及表現記錄下來。第一，這會令每次做運動的經驗和印象更深刻；第二，令你感覺目標更加真實，提高達到目標的意識；第三，達到目標後亦會看到自己努力的成果，提升滿意度。無論達標與否，可以跟家人、朋友分享，讓他們了解你的進度，在有需要時進行督促及鼓勵。

3. 認知上的改變

訂立目標

筆者於大學任教時，曾遇到一名非常熱愛運動的學生，他希望家人能夠一起做運動，所以經常鼓勵妹妹跟他一起到公園跑步。但妹妹非常抗拒，三番四次勸說都不肯去。於是他問筆者，究竟問題在哪裡？筆者問他，妹妹平時有慣常做運動嗎？他表示：「從來沒有，因為她很懶惰，所以我想訓練她，令她有動力做運動！跑 30 分鐘而已，不太困難吧？我沒有要求她跑多快。」

　　其實妹妹沒有動力做運動不是性格上的問題，而動力亦不是單靠拉她去做運動就能「訓練」出來。對妹妹來説，要從家裡的沙發走到公園，還要陪哥哥跑 30 分鐘，目標實在遙不可及；跑步過程艱辛，加上電視節目精彩，她待在家中看電視的動力輕易勝出。

　　做運動跟提升運動表現一樣，同樣可以透過訂立目標去建立動力，只要過程中因應自己的程度，訂一些實際、明確的過程目標，動力便會有所提升。根據目標訂立程序，我們可以幫妹妹訂下何時完成 30 分鐘緩步跑的長遠目標，令她清楚了解目標要有時限，然後再把它分拆。假若妹妹從未試過做運動，不妨先帶她添置運動服，從散步開始讓她有走動的習慣，最後轉移到緩步跑，一步一步提升她對跑步的動力。

第四節
了解及善用「能量」

認識身體裡的「能量」

我們訂立目標後，便會設法使自己達成目標。例如筆者很想在這個星期看一套電視劇（個人目標），於是便規劃每日的時間表，安排看電視劇的時間，使自己能夠達成目標。安排時間其實是達成目標的過程，同樣需要動力。如果我們只是訂下目標，卻沒有作出任何安排，最後只會一拖再拖。即使我們有動力去完成某任務，以達到個人目標，但如果我們欠缺過程中的動力，最終，我們的目標也不能實現。

圖 4.4 達成目標的過程也需要動力

不過，原來人體裡有一種有限儲備叫「自我控制的力量」。當我們缺乏「過程中」的動力時，「自我控制的力量」便會推動我們做決定。以下就把「自我控制的能量」簡稱為「能量」。

能量的消耗

社會心理學家博美斯特（Roy Baumeister）於 1998 年做了一項有關「能量」的研究。參加者要進行味覺測試，於實驗數小時前不能吃東西。

實驗開始後，研究員把兩種食物放在桌子上：一堆剛烤好的巧克力餅乾及一碟切好的紅蘿蔔。一半參加者（下稱為「餅乾組別」）被安排吃兩至三塊餅乾，但不能吃紅蘿蔔。另一半的參加者（下稱為「紅蘿蔔組別」）則被安排吃兩至三片紅蘿蔔，但不能吃餅乾。

在實驗的第二部分，每名參加者需要完成一個拼圖遊戲，不過拼圖曾被研究員「做手腳」，所以參加者是無法完成的。研究員想取得的數據是他們玩拼圖的時間。結果發現，餅乾組別平均堅持了 19 分鐘才放棄，紅蘿蔔組別卻只能堅持大約 8 分鐘。

19 分鐘　　8 分鐘

圖 4.5「餅乾組別」與「紅蘿蔔組別」各堅持的時間

根據博美斯特推斷，由於人體內的能量有限，我們進行任何有意識的行為都在消耗能量。由於紅蘿蔔組別在實驗開首要抵抗吃餅乾的誘惑，消耗了大部分能量，到拼圖環節時能量已所剩無幾，堅持完成拼圖的時間就不及餅乾組別長。他亦指出，由於這個能量儲存庫有限，無論我們腦海裡進行任何判斷、計劃時，我們的能量都會被消耗。

日常生活中，我們會不知不覺消耗能量，尤其環境的轉變會動搖我們做某些事情過程中所需的動力。在缺乏過程動力及掙扎下，我們便消耗了能量。看看以下兩個消耗能量的例子：

結果目標	過程目標	環境變數
（1）今個月減三磅	（a）下班途經茶餐廳都不能進去 （b）走路上班	茶餐廳進行推廣優惠影響到(a)
（2）每天早上7時30分吃早餐	（c）晚上準時11時睡覺 （d）每逢星期三、六去超市買雞蛋、麵包、鮮奶	星期四加班至凌晨一時影響到(c)

　　環境的改變會影響我們達成目標的機會率。從例子（1）看，如筆者一向視減肥為目標，但過程中缺乏執行過程目標的動力，便需要用到「能量」去推動自己。可是當茶餐廳進行推廣優惠時，筆者需要反覆考慮及掙扎，運用到身體裡的能量，最終可能無法抵擋優惠的誘惑，或是用盡能量不進去吃，但之後的任務便可能沒有「能量」執行。

　　從例子（2）看，筆者訂下每天早上7時30分吃早餐的結果目標，可惜前一晚突然加班至深夜，筆者就會因為擔心工作還沒完成、睡眠時間不夠、翌日能否準時起床吃早餐等，不知不覺消耗了能量。

　　我們總會遇上缺乏動力的時候，因此我們需要用體內的那股「能量」去推動自己完成任務。不過，如果任務複雜，而我們需要作出判斷、選擇、決定才能完成任務，能量就會逐步減弱。例如在一個雷雨交加的晚上，我們待在家裡看電視的動力會比走到室內游泳池游泳多。由於去游泳的動力已經非常低，需要用到體內的能量去完成任務。再加上我們從來沒有計劃在這樣的情況下去游泳，我們只會在那一刻才去找泳衣、查看交通工具時間表、檢查錢包有沒有硬幣……這些都只會消耗能量，到最後，我們已沒有任何想去游泳的動力了。

　　我們必須把能量用得其所，才不會浪費能量。但遇上環境變數，我們怎樣才可以確保能量用得其所？

減慢能量消耗率

1. 養成習慣，令某些決定變得「自動化」

　　無論是好習慣還是壞習慣，都是一種「自動化」的行為，不需要經過任何批判、思考或計劃。由於這是一個無意識的過程，能量就得以保存。假若能把做運動變成一種習慣，我們就不必花額外精力或能量去驅使自己做運動，將能量保存，應付一些突發事件。以下是一些養成做運動習慣的建議：

　　（一）規劃每天做運動的時間，令運動變成一項每天必須完成的任務；
　　（二）盡量安排每天於同一時間做運動，不要待有空才做。

2. 預先訂下應變計劃

　　突發事件雖然不常發生，但我們亦要注意它發生的機會率，並預先計劃好後備方案。提前計劃令我們知道怎樣應付不同情況外，也不用待事情發生時才苦惱該怎樣處理，減少消耗不必要的能量，可用剩餘能量去應付沒計劃的變數。

　　就像小時候用「如果……就……」關連詞造句一樣，我們可以把一些有機會發生的事件及應對方法寫下：

如果……	就……	需作出的改變
下大雨	待在家裡邊播放音樂，邊做瑜伽	今個星期天前要購買瑜伽磚（或其他瑜伽裝備）
天氣好	放學走路回家	沒有
外地朋友下星期回港，下班後要常常跟他吃飯	由晚上散步改為早上散步	每天睡覺前拿出運動服，放到當眼位置

除了預先計劃事情外，我們亦要留意及避免前往一些有機會降低動力的地方，避免消耗能量。這些地方可稱為「低動力區域」（low motivational contexts），我們要預先想好對策，盡量減少與「低動力區域」接觸。

令動力降低的地方	後備方案
房間	把運動服放在客廳，做完運動後才可以進房間
公司茶水部	把健康的零食放在工作桌上，肚餓時可以即時享用，不用走去茶水部找零食
學校旁的快餐店	課外活動（例如打籃球、學鋼琴）盡量安排放學後馬上進行，令自己放學後不會在快餐店逗留

除了認識自己的動力，我們亦要注意能量的作用，並明白把它浪費到一些非增值或沒有用的事情上會影響自己達成目標的機會。要有效地儲存能量及令身體更健康，就要找出適合自己的方法來提升動力，計劃好環境變數及後備方案。能夠減低消耗能量的速度，更容易達到身心健康的境界；而能量就可以作為後備用途，用在突如其來的任務上。

::::::::::::::::::::::::: 練習 :::::::::::::::::::::::::

1. 過去一星期不做運動的藉口：

- _____

- _____

- _____

2. 下星期的運動計劃／目標：

- _____

- _____

- _____

3. 為了令目標更容易達到，下星期我需要作出以下改變：

環境上的改變：_____

行為上的改變：_____

認知上的改變：_____

4. 過程中有機會令動力下降的地方及後備方案：

令動力下降的地方	後備方案

運動心理學——
建立自信，盡展所長

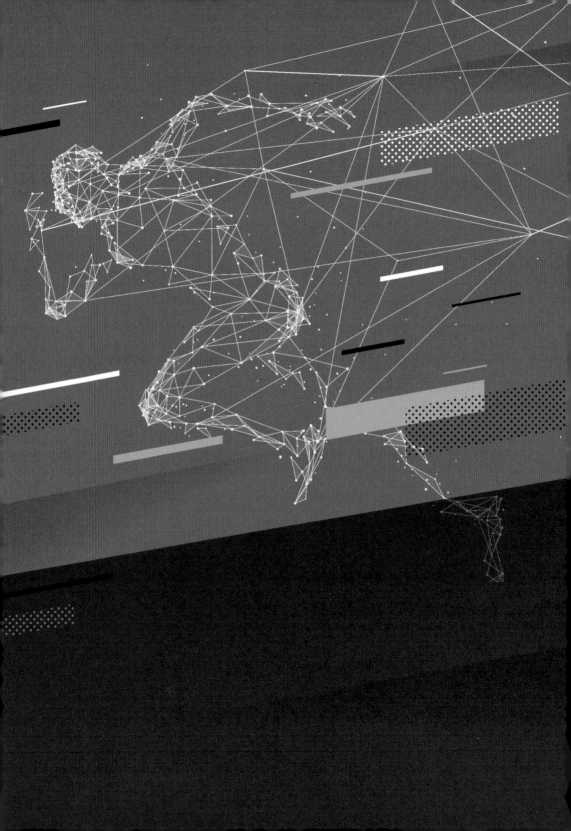

第五章

運動社會心理學：
怎樣成為一名更好的教練和家長？
（給教練及家長的運動心理學）

看完這個章節，你將會明白：

- 運動員、教練及家長的相互關係
- 教練的執教及溝通技巧
  - 加深自我認識及執教風格，建立良好溝通橋樑
  - 組織及執教理念
  - 注意運動員的參與動機
  - 教學挑戰：怎樣應付不同類型的運動員及家長
- 家長對運動員發展的介入：如何才恰當？
  - 家長應怎樣面對及處理孩子的比賽成績？
  - 家長能否作為孩子的教練？
  - 孩子是否需要多於一名教練？

「廣州亞運前教練（沈金康）嚴格控制我們的訓練日程，連作息、飲食都細心照顧，把我們的狀態和心理都調節到最『fit』，我才能摘下金牌。教練說什麼，我都會遵從。」

李慧詩
香港單車代表
2012 倫敦奧運銅牌得主

「這是你的比賽，還是你孩子的比賽？⋯⋯我必須一直提醒自己，不要驅使孩子去完成自己沒有完成的金牌夢想。」

Judith Brown Clarke（朱迪布朗克拉克）
美國跨欄選手
1984 洛杉磯奧運銀牌得主

在競技運動中，運動員的表現取決於不同因素，當中大家較重視的有技術、體能和營養。不過，運動員的表現同時受兩種人影響：教練和家長。

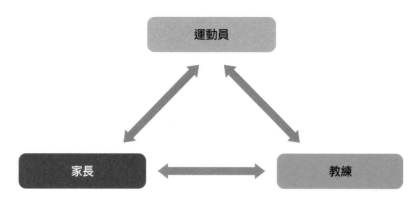

圖 5.1 **運動員、教練與家長三者的互相影響**

1. 教練

　　教練與運動員建立夥伴關係，透過支持、指導、尊重和了解，幫助運動員發揮最大潛力。筆者曾聽過不少例子，運動員因為與教練關係不好或不喜歡某教練的教學模式，而放棄運動或投靠另一位教練。當然，亦聽過成功個案，例如教練除了進行技術上的指導外，亦會關心及照顧運動員的生活細節，令運動員對教練無比信任，促進兩者之間的緊密合作，豐富他們的運動經歷。由此可見，教練的角色尤其重要，他們會影響運動員的自信心、價值觀、自我評價及對運動的看法和動機。

2. 家長

　　每個運動員的成功背後，除了有優秀的教練從旁指導，家長的角色亦不能忽視。父母對運動員的評語、鼓勵方式及期望，都會影響運動員的發揮及表現。究竟家長在旁鼓勵及支持運動員時應怎樣做，才能成就運動員的目標？他們應怎樣和教練合作以保證運動員有最佳的發展？

第一節
教練須知道的
執教及溝通技巧

了解自己的執教及溝通風格

自我認識是一種學習能力，由反思到覺悟，均是學習過程。如果運動員、教練和家長都具備全面的自我認識及觀察，便會不斷改進、進步。一個成功的教練需要持正面態度，關心、尊重和體會運動員之間的個別差異。身為教練的你，有否包含以上特質？以下是一些反面例子，試看看自己有沒有相似的特徵？

「自我中心」型	認為自己對運動的知識及經驗遠高於運動員，一定要得到他人尊重。
「負面」型	只懂得批評及指責運動員，經常給予負面評語，甚少稱讚。就算運動員有聽從指示，只會認為是應分的。
「法官」型	經常批評運動員，每當運動員犯錯時都會把責任推卸到其身上，例如：「為何你不能做得更好？」「你要為今天的失球負責！」但他不會提供任何資訊或回饋，令運動員不知如何改進。
「雙重標準」型	對運動員要求不一，例如會因為運動員責罵球證而責備他，但當另一位運動員責罵球證時，卻沒有任何表示。令運動員感到不公平。
「談話」型	不斷提供指導，在球場上吶喊、提出建議，卻忽略運動員的心聲。
「冰冷」型	從來不會顯露任何情感，不會給予鼓勵，亦不會表達自己的不滿，令運動員缺乏安全感。
「教授」型	經常用複雜的表達方式與運動員溝通，用詞深奧，令運動員感到迷惘困惑。
「不一致」型	行徑不一致，欠缺一個賞罰分明的系統或機制。例如某運動員經常犯同一個錯誤，有時會忽視其錯誤，有時卻會重罰，令運動員難以判斷對與錯。

表 5.1 **不同的執教方法和特徵**

加深自我認識

如教練不太認識自己及個人執教風格，或想改善自己與運動員、家長的溝通，可以參考以下建議去加深自我認識：

1. 主觀回饋（feedback）：自我檢討

自我認識可以透過自我監控進行。教練可於練習或比賽後評估自己的行為，例如記錄自己當天的行為、處理問題的手法及被牽涉的運動員。以下問題值得教練思考：

（一）當運動員犯錯時，你第一個反應是反問、質疑、責罵、威脅、鼓勵或指導？

（二）不論結果怎樣，每當留意到運動員努力練習、有進步，或做得對的地方，你有否加以鼓勵？

（三）每次訓練或比賽後，有沒有要求運動員把當天學會的動作或理論重做或複述一次，增強他們的記憶？

（四）假若在往後的訓練或比賽，運動員再犯同樣錯誤，你會否以同樣的手法應對問題？

2. 客觀回饋：詢問他人意見

教練不應是「獨行俠」。一個成熟的團隊必須建立開放的溝通模式，從而培養成員間的緊密聯繫，並提升師資水平。主教練雖然是團隊之首，亦應接納下屬意見，並鼓勵成員提出意見及訴求。每位教練應身兼兩職，除了指導運動員，亦應擔當「監察人」的角色，觀察其他教練的行為，分享自己的看法及意見，並於訓練後提供建議。

大部分主教練身旁會有助教，他們可以在訓練後的空餘時間討論每天的執教問題及商討解決方案，從而增加每件事的客觀性。假如自己沒有助手，亦可以嘗試跟運動員坦承討論，詢問他們對自己處事手法的感覺，從而提升接納程度，建立共識。

得到別人的意見及回饋有兩個好處：

（一）可以從另一角度認識自己，評估自己的處事手法是否恰當，裝備自己面對日後的問題。

（二）令其他教練或運動員知道你重視他們的意見，增進雙方關係及信任。

建立良好的溝通橋樑

教學過程中，教練經常從旁指導運動員並給予意見，不過筆者發現部分教練與運動員溝通時往往欠缺重點，尤其是一些不善於掌握回饋的教練，令運動員不明白教練想傳達什麼訊息。

回饋是一種評估方式，主要分為內在回饋及外在回饋。

從競技例子看，內在回饋指的是運動員的切身感受，透過各種感覺器官得回來的訊息。例如跳水運動員完成翻騰動作後直撲進水裡，弄得水花四濺，運動員就會憑聲音及感覺提醒自己進水時調整動作，減少水花。

而外在回饋是運動員從外界獲得有關於自己表現的訊息，例如教練評語、比賽結果、錄影片段等。例如花式滑冰選手完成項目後，裁判評分就屬於一種外在回饋。

教練給予回饋時，建議注意以下三點：
1. 回饋內容；
2. 提供負面回饋的方法；
3. 回饋時機。

1. 回饋內容要具體及含正面成分

教練向運動員給予回饋前，要先注意：

（一）平日提供的（外在）回饋，運動員會否已經從自己身上（內在回饋）領悟到？

（二）回饋的資訊能否達到實際效用（糾正錯誤、強化表現好的地方
　　等）？

教練應怎樣給予好的回饋？可以參考以下例子。

筆者最近到游泳池觀察運動員比賽，聽到不同游泳教練跟運動員進行
賽後檢討。坐在身旁的教練 A 對泳員說：「你今天表現不錯，下次再接再
厲。加油！」

這句評語聽起來帶有鼓勵性，卻欠缺重點。

教練 B 則對泳員說：「剛才跳水入水點太近，而且你首 50 米節奏稍微
慢了，轉身後就被其他人拋離，看到你最後 10 米有咬緊牙關，但我覺得
你太遲發力，所以成績一般。稍後接力賽要記住不要重複再犯。」

相比起「你今天表現不錯」，教練 B 的評語顯得更具體和實際，簡單
敍述運動員於技術層面上令教練不滿意的地方，亦令運動員更清楚明白他
需要改善的地方。

不過，除了內容要具體，回饋亦要「正面」。「正面回饋」不等於盲目
地稱讚運動員（因為這亦會令教練失去誠信），而是集中講述他表現好的
地方，盡量鼓勵他重複此行為。一般教練傾向用「負面回饋」，以點出運
動員的錯處，希望運動員不要重複不該做的行為。但有關心理學與個人發
展的不同研究都指出，「正面回饋」遠比「負面回饋」更有效，因為「正
面回饋」能鼓勵運動員重複該正面行為；相反，「負面回饋」只能減低或
阻嚇負面行為再次發生。運動員可能只知道什麼不該做，並不一定掌握到

什麼行為才算恰當，如教練評語不夠直接，會容易令運動員混淆，同時耽誤學習進度。

這並不代表教練永遠不能抨擊或懲罰運動員，只是對正面行為作出鼓勵比阻止負面行為發生，更容易令運動員進步。所以經常以威脅或懲罰為主、只顧批評運動員不足的教練，就要開始注意回饋內容，把句子轉化得更具體、更有鼓勵性。

2. 提供負面回饋的方法

假若運動員不斷重複犯錯，教練應怎樣鼓勵運動員再次作出恰當的行為？

有些教練對運動員的表現不滿會直接表達出來：「球拍位置又低了！」「你永遠打平手最後都會輸。」「沒帶腦袋來練習？」「比賽前不是已經提你要怎樣做？你要我怎樣做才會令你記得？」

嚴格來說，此類評語不算評語，而是交代結果的陳述句，或是教練想借機會向運動員發洩。這對任何水平的運動員都不能起太大作用。

水平高的運動員，容易把重點過濾，因為他們已經會透過內在回饋注意到自己的錯處。上文提到，如果教練只向運動員提供當刻他們已經知道的訊息，訊息就會變得多餘。

至於水平偏低的運動員，雖然能從教練口中得知他們的錯處，但由於評語欠缺指導成分，他們亦無法從評語中學會新的姿勢或技術。

筆者發現在比賽的關鍵時刻，或教練開始變得不耐煩時，就會傾向提供負面評語，忽略指導。雖然「正面回饋」更可取，教練偶爾也可提供建設性的批評，但批評要包含指導成分，才能令運動員從中學習。

曾經被廣泛使用的傳統回饋方法又稱「三文治」方法，將回饋分成三部分：把重點批評的句子放中間，而讚美或鼓勵説話放到開首及結尾部分。當時「三文治」方法被指出能有效地把負面回饋傳達給收訊者，同時令收訊者感覺良好。

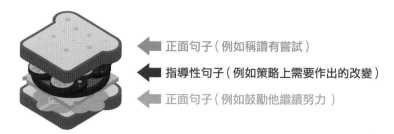

正面句子（例如稱讚有嘗試）

指導性句子（例如策略上需要作出的改變）

正面句子（例如鼓勵他繼續努力）

圖 5.2 傳統的回饋方法，亦稱「三文治」方法

不過在 2014 年，《哈佛商業評論》的 Sarah Carmichael 批評這類「修飾過的回饋」已過時，它只會凸顯送訊者欠缺誠意，亦有機會令收訊者把中間的訊息忽略。對於回饋的方法，筆者有如下兩個建議：

（一）教練定期約見運動員，並把它當成「例行公事」，於見面期間提供仔細的正面及負面回饋；

（二）恆常訓練中，教練於批評前可直接跟運動員説：「我現在會提供一些負面回饋。」這是一個非常尊重運動員感受的手法，使運動員感到他們受重視，亦令他們對負面回饋有足夠心理準備。

不過，以上建議不會即時見效，亦未必在各種情況都適用。例如在訓練或比賽進行時，教練需要於有限時間內提供簡單易明的回饋，過度仔細的評語會變得不切實際。筆者建議於「重要關頭」只提供正面回饋，原因包括：

- 鼓勵運動員繼續留意及重複自己表現好的地方，能減低被錯誤或負評影響表現的機會。
- 重要關頭時作出負面回饋起不了作用，因為就算水平再高的運動員，亦難以於短時間內立即改變舊有習慣或錯誤，所以如教練在比賽中只顧著指出錯處，效用其實不大。尤其容許在旁指導的運動項目，例如足球、籃球、乒乓球等，教練更加需要注意自己在比賽當刻給予球員的回饋。

所以，教練可以考慮於訓練後、賽後檢討等時間才運用建議（一）及（二）。

3. 回饋時機

教練需要掌握提供回饋的時機，才能把評語發揮到最大作用。提供回饋的頻密程度取決於不同因素：

（一）技術水平

初階的運動員還未能完全掌握技術及基本功，教練應培養立刻給予回饋的習慣，無論是提點、指導、鼓勵或是懲罰，都應直接在運動員作出該行為後指出其對與錯，避免誤會發生外，亦令運動員在最短時間內掌握好技術。

不過，當運動員已經達到相當高的水平，教練便無須提供即時回饋，可讓運動員獨立用內在回饋或批判性思考處理自己的問題。教練亦可以定期與運動員商討，看看自己給予的回饋次數是否足夠。

（二）比賽、訓練時限及教練風格

不同的情況會影響教練給予回饋的機會，例如比賽會被賽程或規例限制。由於在比賽時教練與運動員交流的時間有限，教練可提供回饋的次數比訓練少；而教練於訓練時能完全掌控訓練計劃，時間及內容相對有彈性，所以次數比較多。當然，教練亦可選擇在訓練和比賽時也不給予回饋，讓運動員透過內在回饋（或客觀的外在回饋，例如時間、錄影）去摸索，到訓練完畢要求運動員自我檢討。所以，回饋次數亦視乎教練與運動員之間的信任度和風格。

如教練剛好碰上一群技術水平不太高，又非常依賴教練意見的運動員，教練於比賽時段會遇上很大的挑戰。筆者建議教練可預先向運動員告知何時可以依靠教練的回饋、何時要注意內在回饋及相信自己的判斷。這樣能減低比賽不確定因素而產生的潛在壓力，令運動員有充分心理準備去迎戰。

以上的理論及例子只供參考，教練亦要緊記每個運動員及團隊都是獨特的，在不同情況下要作出適當調整。

如何培養有效的溝通模式？

溝通是人類基本的社交需求，無論在哪個場合或環境，人與人之間的關係都非常重要，在運動範疇亦不例外。一個有效的溝通是雙向的，並能

筆者與香港高爾夫球總會球手於恆常心理學訓練中經常討論到和教練、父母的溝通問題。

在過程中準確地交流訊息。除了留意自己（發訊者）的表達方式外，亦要注意訊息對收訊者的影響。

溝通可分為兩部分：內容及情感。

內容	情感
傳遞訊息的具體內容	傳遞訊息的情緒
透過言語表達	透過非言語 （例如手勢、眼神、身體部位等）表達

溝通的六個步驟：

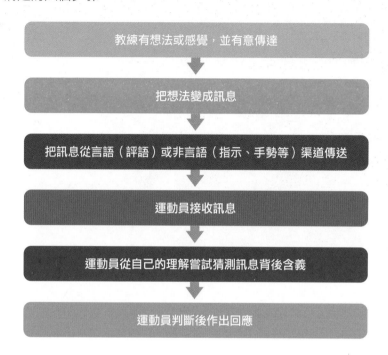

教練有想法或感覺，並有意傳達

把想法變成訊息

把訊息從言語（評語）或非言語（指示、手勢等）渠道傳送

運動員接收訊息

運動員從自己的理解嘗試猜測訊息背後含義

運動員判斷後作出回應

不過，並非每一次的溝通都有效。以教練跟運動員溝通為例，溝通的步驟會因為種種原因而失效。問題可能出現在送訊者（教練）或收訊者（運動員）任何一方，或是雙方都有責任。溝通失效的原因包括：

1. 教練錯誤地交代內容；
2. 運動員對訊息的理解有偏差而產生誤會；
3. 運動員根本不明白訊息內容；
4. 因缺乏言語或非言語的訊息而傳遞失效等。

要促進運動員及教練的溝通，教練必須觀察運動員的接收能力及其對訊息的理解，亦要鼓勵運動員多表達意見及提供回饋，減少雙方誤解。

2016年筆者與香港U25草地滾球代表隊成員作賽後檢討，談及比賽期間與隊友互相提點及提供回饋的方法。

個案分享

根據筆者作為運動員的經驗，當教練的情緒或脾氣不好，運動員多數都能觀察到的，卻未必知道問題源頭或癥結。而部分教練不會直接跟運動員交代原因，因而引起許多不必要的猜測。

筆者曾跟一名田徑教練聊天，他說：「如察覺運動員訓練質素下降，我不會作出任何解釋，只會直接要求運動員離開。你知道為什麼嗎？」他補充說：「因為我看得出他今天狀態不好，如繼續訓練，只會不斷重複錯的技術和姿勢，我寧願他早點離開，翌日再繼續。」

筆者明白教練的看法，他當然不希望運動員姿勢或技術出錯，但從宏觀角度看，教練要求運動員離開的原因眾多，可以是教練自己發脾氣，或

是運動員表現差、態度欠佳等。這個「不解釋」的溝通模式會衍生兩個問題：

1. 運動員離開了，重複犯錯的情況雖然沒有進一步惡化，但他沒有被糾正錯處，所以不能排除翌日練習會重複犯錯；

2. 運動員對這種溝通方式感到疑惑。他會以為教練生氣、不滿意自己的表現，或是覺得教練已經放棄了他。運動員通常遇到上述情況只會說：「我又被教練趕走了。」

筆者認為這不是一種有效推動運動員進步的行為，因為運動員可能把它看成一種威脅。另外，也會令運動員產生疑慮，增加不必要的壓力。有些運動員雖然感到迷惘，但會因為遵從教練的決定而不敢當面詢問，卻對教練的行為開始感到害怕；有些運動員則會跟教練「鬥氣」或反駁，最後可能會令事件更複雜。

善於溝通及誠實表達意見都是高水平教練應有的特質。從上述可見，如果教練沒有把作出該決定的背後原因交代清楚，運動員會蒙在鼓裡，感到疑惑和擔心。所以，無論是訓練計劃、比賽策略、給運動員的評語，筆者建議教練做決定前，先考慮這些決定會否對運動員有一定影響，例如該決定能否讓運動員了解其背後用意，令溝通更加直接，增加他們對教練的信任。

第二節
注意運動員的參與動機

教練除了留意自己的表達及溝通模式外，亦要顧及整個團體，令運動員從參與過程中得到最大樂趣。從宏觀角度看，運動員的動力就是關鍵。以下部分會先簡述運動組織理念的重要性，然後提供一些提升及保持運動員動力的建議。

組織理念

1. 從運動員參與運動的動機入手

「這班小朋友根本不喜歡學習。」
「這團隊不夠上心，訓練時毫不認真。」

當運動員或小孩缺乏動力，教練或家長時常會歸咎於性格上的缺陷。事實上，一個人沒有動力，有可能是環境引致的，例如沉悶的學習氣氛或訓練方式等，都會令人失去參與運動的動力。（可參考第四章〈體適能心理學：怎樣培養做運動的動力？〉）不論是孩子或成年人，促使他們參與體育活動離不開三個因素：滿足感、吸引力和挑戰性。

市面上差不多每一項運動都有自己的屬會、分會或團體。每個組織的賣點都不同：有些組織的目標是發展及培訓精英，代表香港參加國際賽

事，為港增光；有些標榜自己能提供嚴格訓練，培養運動員良好品格及體育精神。成立組織時，委員應計劃及考慮組織的方向，例如：

- 想打造一個什麼類型的組織？
- 推廣理念是什麼？
- 組織的目標是什麼？

從教練及組織的角度，要打造一個成功的運動組織，無論其對象是希望持續參與該項運動的孩子，還是高效率、有紀律、成績優異的運動員，只有迎合服務對象需求，才能長做長有。

不過，如果一個成功組織的賣點只放在培訓精英，會有一定危險性。第一，一些有潛質但成績不夠好的運動員會被忽略或淘汰；第二，因紀律嚴苛、訓練模式乏味，部分運動員很難於訓練中維持高投入度。

相反，假若一個組織能營造一個健康快樂的環境，令運動員覺得訓練吸引、具挑戰性、令他們滿足，他們就會繼續訓練，因為這就是動力的來源。這不等於終日嘻嘻哈哈不認真訓練，而是要營造一個重視運動員心理及尊重其看法的訓練環境，願意包容不同層次的運動員。時刻從運動員的角度出發，了解他們參與運動的動機，之後再計劃栽培運動員發展的方向和未來。

2. 懂得「贏」（winning）與「贏家」（winner）的分別

究竟「贏」與「贏家」的分別在哪裡？教練應該把「贏」作為大前提，還是希望運動員全都能成為「贏家」？

「贏」是指運動員在比賽中勝出；「贏家」可以泛指能實現自己目標的人。不是每一個人都能「贏」，但任何人都可以當上「贏家」。

教練除了培養一些成績突出的運動員外，亦要照顧其他受體能或技術限制，長期沒有進步或沒有潛質的運動員。高水平的教練應時刻發掘運動員的長處，協助他們訂立合適的個人目標，令所有運動員都能成為真正的「贏家」，繼續在運動上突破自己，保持動力。

教練的評語及獎罰

在練習或比賽中，教練為了激發運動員，經常會給予評語或獎罰，以下是筆者聽過教練給予運動員的評語：

- 「有帶腦袋來訓練嗎？要我重複多少遍？」
- 「如果你維持不了現在的訓練水平，我就會趕你出隊！」
- 「我當了教練 20 年，從來沒有看過這麼差的表現！你不需要再來訓練了，我們不需要你。」
- 「我兒子只有六歲，技術已經比你好！」
- 「你真的以為自己是運動員嗎？」
- 「任何人遲到就要罰，訓練過後跑 10 個圈才能離開！」

以上的言語帶有懲罰、威脅、批評或諷刺意味，筆者希望各位教練反思，對運動員說這些話的真正用意是什麼？作出威脅或諷刺的評語是一時意氣用事？為了凸顯自己的勢力或地位？使運動員尷尬或內疚？還是希望解決當前的問題？長遠來說，你又有否想過這些評語或懲罰會帶來什麼後果？

這些提升動力的方法均是「治標不治本」。如運動員服從性高，它或許有機會令運動員短期內屈服，但不能期望他們會有什麼根本的改善。

筆者藉此想指出許多教練的「通病」──使用與運動相關的懲罰作為激發運動員的方法。如上文最後一個例子所見，教練喜歡用體能當作懲罰，但從心理學角度，這會挫傷一個人的積極性。

俄羅斯心理學家巴甫洛夫（Ivan Pavlov）提出了一項名為「古典制約」（classical conditioning）的理論，並用小狗對事物的反應作為該理論的實驗證明。小狗看到食物會流口水是自然反應，而在實驗中，巴甫洛夫叫實驗員把食物拿到小狗面前時，會帶備一個響鐘。實驗重複數次後，小狗慢慢懂得鐘聲和食物會同時間出現。久而久之，每當聽到鐘聲，小狗會自然流口水；而到實驗末段，只要拿出響鐘，小狗已經會自然流口水。這就是小狗在學習過程中學會把兩件物件（食物、響鐘）進行配對。

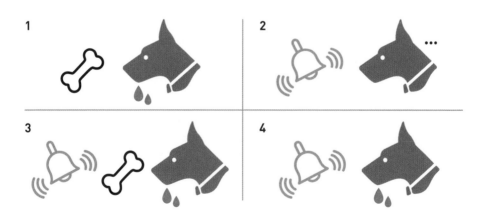

圖 5.3 **古典制約：狗慢慢學會把鐘聲與食物配對**

　　曾聽過一名來港任教的外籍足球教練說：「如果球員在訓練中某一環節犯錯，我便會罰他們繞著球場跑兩個圈；就算他們無法完成那環節的訓練，體能方面都會有所進步。」（"If they make mistakes in the drill, they will have to stop and run around the field twice, so even if they cannot finish the drill... at least they will still be fit."）

　　相信大部分教練聽到這句話也見怪不怪，畢竟這是最常見的懲罰方式。不過，這就跟以上小狗聽到鐘聲會流口水的原理一樣，運動員會透過經驗，漸漸把「懲罰」及「做運動」進行配對，對做運動的動力亦因此減低。

　　無論是體能訓練、跑步還是游泳等，這些體育活動都被喻為是有益身心的活動。我們一向提倡做運動及其正面影響，一旦把運動當作一種「懲罰」，其實是間接給這些被喻為「好」的活動加入負面的含義，這樣會令運動員把「做運動」與「懲罰」聯繫起來。所以，從心理學角度看，筆者絕不鼓勵教練使用與運動相關（例如跑步、做掌上壓）的活動作為懲罰，因為這會減低運動員做運動及訓練的意欲。

　　教練可以選擇用一些另類的方法去「懲罰」運動員。假如某位運動員非常喜歡參加比賽，就取消他下次比賽的參賽資格；或是要受罰的運動員每次訓練都提早 15 分鐘到達，幫隊友準備訓練器材。

　　上述例子用了「懲罰」兩字，只是令教練容易明白背後原理。一個比較有效的做法，是把任何讚美或懲罰（亦即正面／負面回饋）看成行為的「後果」。後果可以分不同類型及等級，而類型可根據運動員的喜好而定，例如給予運動員喜愛的東西，便是正面回饋；拿走運動員喜愛的便是負面回饋。

個案分享

運動員背景	運動員行為
年齡：12 歲	負面：不受控制，經常於訓練時騷擾其他運動員，教練責罵時仍是嬉皮笑臉，甚至變本加厲，父母經常叮囑教練要對他更嚴厲
性別：男	
運動：游泳	
喜歡的項目和訓練（順次序）：游接力、帶全組泳隊做熱身、練跳水	正面：認真練習時自由泳技術非常達標，從不遲到

面對這類運動員，教練應該怎樣處理呢？

教練應對方法（把以下看成「後果」)：

• 對他從不遲到這個行為作出獎勵，並表明他有為練習而付出；
• 認真練習時要立刻給予正面評語；
• 沒有嬉皮笑臉時立刻給予正面評語；
• 多點注意男孩的表現，如認真程度高了，或是認真時間長了，便給予正面回饋，並有等級之分，例如：他認真練習 10 分鐘，可以讓他練習跳水五分鐘；認真練習超過半小時，他可以跟隊友游接力賽。

教練不應做的：

• 發現他不認真，就要求他離開泳池；
• 對他的正面行為毫不理會，或當是「理所當然」；
• 不停找他的錯處，並要他短期內妥協，甚至加以威脅。

教學模式建議

1. 獎勵運動員付出的努力，不要獎勵結果

大部分運動都會有贏、輸之分，如果教練刻意以結果作為標準，每次比賽就會有很多運動員被貼上「輸」的標籤。這個標籤會影響運動員的學習經歷和對運動的看法，容易使他們失去興趣及熱誠。相反，如果教練把焦點放到運動員所付出的努力上，並作出適當的鼓勵或獎勵，運動員就會更積極，繼續投放更多功夫，努力做好。

2017 年亞洲盃前筆者向女子棒球隊提供心理學訓練。

假如教練留意到運動員於比賽中沒有付出很大的努力便輕鬆獲勝，便不宜特別給予獎勵，反而可以問運動員：「你在今次比賽中學到什麼？」令運動員明白教練最重視的是努力，不是成績，而無論比賽結果怎樣，都是一個學習過程。（可參考本章第四節〈家長的角色：如何適當地介入運動員發展〉）

2. 運動員的錯誤不能與自我價值混為一談

　　學習過程中難免會出錯，從錯誤中學習正確技巧固然重要，但當運動員犯錯時，教練不能直接當他們「沒用」。曾聽到教練對運動員說：「真沒用，剛才怎會接不到球？」「游得這麼慢，殘廢的嗎？」運動員會因此把錯誤內在化，覺得是自己的問題，令自我價值降低，害怕失敗，慢慢產生「不做不錯」的心態。犯錯時，教練可參考本章第一節「提供負面回饋的方法」。如需要在訓練或比賽期間即時提供回饋，就用正面指導；如不用即時回饋，就留待訓練或賽後作檢討，讓運動員表達個人感受及改善空間，並與他共同訂立下次訓練或比賽的短途目標。（可參考第二章第一節〈訓練一：訂立目標〉）

3. 於季初訂下基本規則

　　從宏觀層面來看，教練可成立小組委員會，並邀請家長及運動員加入，於季初共同訂下組織的基本規則。舉例說，近年很多教練認為運動員因過分使用社交媒體而影響訓練及比賽時的專注力。教練可與委員會成員商議，討論使用社交媒體對運動訓練及比賽的利弊，訂下運動員使用電話或社交媒體的時間，並達成共識。

依筆者經驗之談，許多運動員習慣於比賽當天使用手機，作為賽前準備的一個重要工具，主要是希望透過聽音樂紓緩情緒和壓力，令自己保持正面心態或調整喚醒水平。不過，運動員及教練就要就以下問題達成共識：在訓練中段需不需要聽音樂？在休息時段要不要查看社交媒體？教練應提醒運動員留意自己專注力的程度，並衡量自己查閱社交媒體的次數及頻密程度是否恰當。雖然這只是一個主觀判斷，但這可以是教練與運動員之間的一個討論點。例如教練可引用第三章第二節中的「賽前常規」技巧，提醒運動員賽前達到最佳喚醒水平的重要性，並計劃賽前準備功夫。這包括運用部分賽前時間適量查看社交媒體、減輕壓力，而其餘時間再運用心理技巧把自己的專注力、情緒調整到最佳水平。

4. 把訓練個人化

有些教練喜歡把訓練長度及次數系統化。某程度上，這樣做可以令運動員容易遵從。但要令訓練更有效，就要因應每位運動員的需要而制定訓練模式，絕不應該「為訓練而訓練」。例如，每節訓練不一定要限定兩小時，一個星期做一節體能訓練等。教練可根據運動員當天的狀態，縮短或延長訓練時間、次數，實施屬於每一位運動員的「可加可減機制」，令訓練變得更有效率。而個人化練習可以增加訓練的趣味性及新鮮感，令他們更積極投入訓練。

5. 透徹認識運動員

千萬不要以為技術傳授是教練唯一的責任。除了認識他們在運動上的強處與不足外，深入了解運動員的背景及性格同等重要。教練應從個人層面了解他們的背景及生活習慣，例如學業成績，與父母、朋友的關係，並留意他們的個性，在團隊裡擔當的角色等。例如，運動員獨處時是怎樣的？他喜歡引人注意嗎？或是一個負面的領導者、跟隨者？

教練為什麼要深入了解運動員？舉例説，某名運動員喜歡在訓練時大吵大鬧、引人注目，教練便要觀察他有何意圖及其背後動機。他是想測試教練的底線，或是想尋求認可？如果教練直接作出很大的反應，會否產生不良效果？第六章中會提及的「社會學習理論」，説明一個人的行為及其動機會從學習中成形，例如運動員發現在訓練期間大吵大鬧可以引人注目，他便會重複此行為。如果教練不清楚他的動機，在全隊人面前責罵他，這反而使他達到目的，助長他的不良行為。(下一節將會介紹不同性格的運動員及應對方法。)

教練必須了解運動員的性格，推測他行為背後的動機，才能夠提供更適合的回饋，減低運動員的不當行為。

6. 提升團隊凝聚力

雖然競技運動都以比賽形式分勝負，但訓練期間並不一定要以比賽形式進行。尤其是一些隊員年紀較小，或是還沒成熟的團隊，建議把他們聚在一起合作解決問題，減少競爭，提升整體凝聚力，令他們更容易明白團隊精神的意義，以及互相支持的重要性，從而提升他們的積極性。例如教練可以設計一些完全與運動無關的遊戲，在沒有勝負下分組進行小組活動，可以是表演、藝術創作、於節日期間一同佈置訓練場館等，增加他們相處及合作的時間，同時亦可以透過活動深入了解每一位運動員。

第三節
教學挑戰

對教練來說，應對運動員及家長是一門學問。了解不同類型的運動員及家長，懂得應付各方需要，有助教練更專注運動員的訓練及表現。

如何就不同類型的運動員下對策？

每個運動團隊都由不同類型的運動員組成，有些運動員非常受教（coachable），有些則較難控制。對於那些「不受教」的運動員，教練的一般對策是什麼？會選擇不予理會，或是利用自己的勢力，克制運動員的不當行為？以上兩種做法都很常見，不過未必最有效。一個好教練應提供一個能讓運動員培養良好習慣的學習環境，希望他們在培養運動興趣時有所得著。以下簡述一些比較「麻煩」的運動員例子，並提供一些教學建議。

1.「不受教」型

特徵：對大部分的教學方法都顯得非常抗拒，不喜歡聽從指示

對於這類運動員，教練都會非常頭痛，因為他們一般都不喜歡聽從指示，總是有自己一貫的做法。喜歡直接表達的運動員，會經常在教練面前發脾氣，或表現出不耐煩；傾向間接表達的，並不會表露自己的不滿（例如教練說話仍會點頭示意明白），但最後依然會堅持己見。

為何有些運動員不受教？這跟他們過往的經歷有關，其中很大機會是跟長輩（家長、老師等）有過一些不愉快的經歷，例如：父母離婚被其中一方拋棄，令運動員對成年人有所抗拒；老師、家長強迫運動員做一些他不喜歡做的事等，都會對運動員產生負面影響。亦有一些常見例子，就是踏入青春期的運動員較喜歡挑釁長輩，或不尊重他們，目的是要顯示自己能幹，可獨立處事的一面。

建議：給運動員關心、易於溝通及值得信賴的感覺

第一，跟這類運動員訂下尊重教練的基本規則，同時亦要跟他建立開放的溝通模式，例如他表明不認同教練某一套做法時，可以在不影響其他運動員訓練的情況下提出疑問，而教練亦應盡力解答，使運動員不會覺得被控制。

第二，寧願留意及強化他做得好的行為，不要每次用懲罰來克制他一些不應做的行為，跟他建立一個正面、互信的關係。

2.「自我中心」型

特徵：認為自己可以有特別待遇

這類運動員認為自己與其他運動員不同。他們除了關心自己從訓練中拿到的好處外，其他事情都不太理會。

他們有機會在家裡被寵壞，又或是在一個沒有人理會的環境下長大。這些人會當「指揮官」，喜歡操控別人，認為團隊內的規則只是給其他運動員遵守。

建議：教練宜直接告訴這類運動員他絕對不會特別優待某一位運動員，因為在一個團隊內，團隊目標比個人目標更重要。假如只照顧某位運動員的需要，除了對其他運動員不公平外，該運動員也不能夠得到最理想的運動經歷。長遠來說，教練需要創造一個凝聚力強的團隊，跟運動員共同建立團隊精神，並讓他們感受到團隊的目標比個人目標更重要。

3.「自信心極低」型

特徵：自信心非常低，對自己的技術及表現完全沒有任何把握

他們因為沒有自信，所以在運動上根本沒有意欲去進步。當他們面對逆境時，會覺得表現差是理所當然；就算表現好，都只會覺得是因為對手表現差，或是自己僥倖。

建議：他們要明白成功的真正定義是自我挑戰，並在能力範圍內做到最好，而不是爭取在團隊裡成為最出色的隊友。他們要訂立目標，鞭策自己，給予自己進步空間，而不是把注意力過分投放到其他不能控制的地方（例如隊友的表現、裁判的錯誤判決或對手的成績等）。教練可以跟這些運動員多做訓練／賽後檢討，與他們一起訂立目標，令他們細心留意到個人成績是自己努力爭取回來，而不是靠機會或運氣而得到。

4.「過度緊張」型

特徵：表現飄忽，在大壓力的情況下表現失準

這類運動員在訓練期間表現出色，比賽時的表現卻差強人意。同時亦容易受傷或生病，會用藉口來逃避比賽。這些都是高度害怕失敗的運動員。

這類運動員曾經因失敗而受罰，或是身處一個負面的練習環境（例如經常在家裡、學校或運動環境受到父母、老師及教練的負面批評），令他們每次面對比賽環境都感到受威脅。個人性格也是另一個因素，例如性格較負面的人會容易於事物或情況中找出具威脅性的元素，從而產生緊張的心情。

建議：對於情緒起伏較大的運動員來說，其中一個有效的方法是要他們訂下過程目標及表現目標，因為這兩種目標是個人能控制的範圍（可參考第二章第一節〈訓練一：訂立目標〉）。教練亦要提醒運動員無論結果如何，教練都會支持他們在運動上的發展。所以當教練給評語時，切忌把他們的表現水平及自我價值掛鈎（例如：「比賽拿不到冠軍就代表你沒用！」之類的說話），多鼓勵他們享受比賽帶來的種種挑戰。

如何應對不同類型的家長？

除了運動員，家長（尤其是小孩的家長）都會非常緊張子女的學習進度及成績。面對不同類型的家長，教練又需要怎樣去應對，令他們能夠一起推動運動員在運動上的發展？

1.「對子女的運動沒興趣」型

特色：從來不會參與孩子的訓練或比賽，跟教練沒有任何來往。

教練要了解家長不參與或不投入的原因，並邀請他們參與及留意自己的訓練工作。同時，亦可以向家長解釋，適當的參與能促進家長與子女關係，以及提升小朋友運動上的積極性及自我價值。

2.「過度批評」型

特色：有些父母經常低估或抨擊孩子，對他們的表現從來都不滿意，並經常叮囑教練要嚴厲對待他們。

這些家長有機會把運動員的水平與自我價值混為一談。假若子女表現不好，家長就責罵他們，認為他們沒出色。家長不斷作出負面批評會令孩子的情緒變得起伏，甚至增加壓力，阻礙他們的發展。教練可以建議家長多作出鼓勵（正面回饋能助長正面行為繼續發生），並用欣賞的角度去推動及指導子女。同時，教練亦要以身作則，在家長面前用同樣方式對待年幼學員。

3.「過分緊張」型

特色：家長經常擔心運動會帶來危險，所以孩子每次比賽訓練都會非常擔心，亦不太鼓勵運動員參與某種運動。

教練要主動安排時間跟這類家長解釋該運動的裝備、規則及風險。同時要花時間介紹自己的教練團隊及計劃，例如：雖然欖球比較多肢體碰撞，但團隊內有一班好教練、好裁判，並細心設計合適及安全的課程等，可以令運動員安全地學習。同時亦要跟家長解釋自己的理念，增強他們對教練及運動的信心。

教練與家長的溝通模式

筆者建議教練於季首開始前跟家長進行面談，會議可包括以下內容：

1. 令家長了解教練的教學模式及期望；
2. 令家長了解教練的角色，並解答他們的常見問題；
3. 鼓勵「開放式」的溝通模式，但要實施溝通規則，容許家長在適當時候發問。例如在訓練或比賽中要尊重訓練團隊，不能打擾教練及運動員，但比賽或訓練前後則歡迎溝通。

另外，美國著名運動心理學家 Ronald Smith 及 Frank Smoll 發現家長若對子女的運動有一定認識，能減少運動員的壓力。教練亦可以考慮在會議中介紹運動的基本概要、玩法及規則。有些家長認為自己認識運動就能做子女的教練，教練必須提醒家長注意自己能否擔當起教練的角色（可參考本章第四節〈家長的角色：如何適當地介入運動員發展〉），避免運動員感到角色混淆。

家長的角色：
如何適當地介入運動員發展

　　家長在運動員的生涯中擔當相當重要的角色。有些家長曾經是運動員，或有很多正面的運動經歷，所以十分鼓勵子女做運動。有些家長希望運動員不斷進步，不過有時因為過分投入，弄巧成拙。要當一個好家長，協助教練去培養子女的運動興趣，必須先了解自己在運動員發展的過程中擔當的角色，並明白子女有權利參加運動，但同時亦有權利拒絕。以下是一些家長常見的問題：

1. 在運動上，孩子可否有主見？

　　小孩子在成長過程中要學懂為自己的行為及決定負責任。在運動上，很多家長對子女抱著很大期望，希望他們成為出色的運動員而提出無理要求。家長當然可以為子女的運動發展提供建議，不過切記不要把自己的意願投射在子女身上，就算子女接受父母的意見也不代表是小朋友的意願，最終決定權要交由孩子決定及負責，因為他們的快樂及動力勝於一切。

2. 家長應該分配多少時間在子女的運動上？

　　家長要做好時間管理，先預計自己能投放多少時間在子女身上，避免兌現不到承諾，令他們失望。家長可以定期跟子女討論訓練情況及分享大家對運動的看法（但有關訓練模式或技術的看法，應留待教練跟運動員自己討論），並盡量抽身支持他們的比賽。

3. 如果孩子運動表現理想，家長可否獎勵？

可以，但必須慎重處理。如家長覺得孩子於訓練或比賽有付出，無論最終表現理想與否，亦應該獎勵，並告訴他獎勵的背後原因。家長要注意獎勵不能與成績掛鈎，例如孩子於比賽勝出，就送他新球拍、請他到酒店吃自助餐；孩子輸了比賽，就只能留在家中，聽家長不停埋怨。以上的行為無意中會助長孩子更重視賽果、害怕失敗而缺乏自信，甚至害怕比賽。

4. 當孩子表現不好，家長應說什麼？

當孩子遇上挫折失敗，很多家長會跟他們說：「不需要這麼難過吧！」「有什麼所謂？比賽不是贏就是輸。」他們以為這是激勵或安慰孩子的方法。但對一個小孩來說，這些話有點像要打發他們離開，他們認為家長對他賽後的失落感不太理會。那家長應該說什麼去鼓勵孩子呢？

●「成績不好，你感到很難過，對吧？」

家長不應在這時候「打壓」情緒，認為這些情緒很「無謂」而忽略孩子的感受。相反，家長應給予孩子足夠空間和時間去平復心情，只要他們不開心、發脾氣期間沒有影響或傷害其他人，家長應考慮及尊重他們的感受。無論是孩子或成年人表達自己不開心時，都希望身旁的人會明白。家長要了解每個人都有表達情緒的權利，所以要給他們機會用說話去把情緒抒發出來。

●「今天學到什麼？」

跟之前給教練的建議一樣，無論比賽結果怎樣，每一次訓練和比賽均是學習過程。如子女能夠發現箇中問題，並知道怎樣改善，就會是真正的「贏家」(可參考本章第二節〈注意運動員的參與動機〉)。當留意到子女已平復心情後，家長不妨以「這個比賽學到什麼？」代替「你不用不開心！」再次展開話題，訓練孩子反思之餘，亦令他們覺得你關心他的運動表現。

●「如果有第二次機會，你會怎樣做？」

這類問題能令運動員反思，回想剛才的表現，並找出需改善的地方。同時，小朋友亦會思考其他應對方法，令下次比賽時避免重複犯錯；如他真的不知道該怎樣改善，可以鼓勵他去問教練，一起討論對策，強化下一次應做的行為。

●「你覺得今次有什麼做得好的地方？」

家長可以從正面角度入手，就算子女表現欠佳，亦可以提醒他思考自己做得好的地方。一般人會抗拒回答這類問題，或覺得難以回答而逃避，所以要給孩子足夠時間及空間，讓他反思。如家長有觀賞子女的訓練或比賽，亦可主動用正面回饋稱讚他所付出的努力(不是比賽結果)。他漸漸會留意到自己好的一面，繼而進一步觀察自己需要進步的地方。這亦有助提升他的自信心。

5. 如果家長本身是教練，他可以教自己的孩子嗎？

　　筆者發現很多家長都有這個疑惑。其實坊間很多書籍都不贊成父母當子女的教練，怕家長及教練的角色重疊。筆者認為家長要先看看自己的專長、優點與不足，才作出決定。世上有很多這類的成功例子，例如姚明父母是他的啟蒙教練，從他的籃球生涯上看，無論是待人接物還是情感智力，他都是一個非常成功的運動員。曾是網球界世界排名第一的占美·干納斯（Jimmy Connors）當初亦是跟媽媽學網球。當然，他們後來亦有跟隨其他教練提升球技，但這已證明有部分家長可成功擔當教練的角色。

　　雖然世界上的確有成功例子，但父母當教練仍有一定風險。首先，教練是一門專業，但大部分家長都未必是教學出身，所以沒有受過跟體育、教練，甚至跟教育有關的培訓。就算家長本身的職業是教練，他的專長可能是教導成年人為主，對教導小孩子的經驗不足。除非父母對不同程度的教學都瞭如指掌，否則家長當教練有一定難處，亦會有顧忌。特別是團隊運動裡，如果孩子亦在自己的團隊中，其他運動員或家長會懷疑你有否偏袒。故此，當家長考慮應否作為子女的教練前，要注意以下幾點：

（一）自己有什麼長處／專長及不足？

（二）一個好教練需具備什麼條件？自己符合這些條件嗎？

（三）有沒有教導小朋友（或子女當刻年齡層）的能力、知識？

（四）自己能否把兩個角色分開，令子女明白在不同情況下自己會在角色上有變動？

家長及教練的角色一定要相輔相成。假若發現自己不適合當教練，作為父母便要反思自己的價值觀，再找一個跟你價值觀相同，又懂得教導小孩子的教練。

如發現自己擔當不了教練的角色，可參考以下建議協助你的子女：

• 緊記自己是家長的角色

這意味著你要避免擔當教練的角色。除非你的孩子直接向你詢問意見，而你又有百分百信心提供正確答案，否則不要提供任何技術、策略或訓練建議，因為這些都是教練的工作。

• 做子女的頭號粉絲

你的責任是要精神上支持他們。家長亦要避免將子女的成功和失敗與自己的價值觀掛鈎，例如子女表現不好，父母不應覺得自己的形象受損，或感到子女令他們「沒面子」。如果家長要求子女表現好才會得到自己的愛、認同與關懷，孩子一定會承受很大壓力。

家長跟教練一樣，不能夠把運動員的成績與愛惜他的程度相提並論，不要因為他成績好而對他特別好，亦不能當他失敗或表現不好時對他改變態度。你的角色是要當子女的頭號粉絲，無論成功與否，都要無條件地支持他。而家長的行為亦要跟說話一致，例如不能比賽前跟他說盡力就好，但比賽後就質疑他為何不能拿冠軍等。

6. 於同一運動項目裡，孩子需要多於一位教練嗎？

有些家長為了令孩子的技術可以更上一層樓，在同一個學習階段安排兩個教練，如星期一、三、五跟教練 A；星期六、日跟教練 B 等。

小孩子的接收能力有限，如同一種技術從兩位教練得到兩種不同資訊或處理手法，孩子很容易會把訊息混淆而感到惘悵，這亦令兩位教練難以教授下去。如孩子已長大成人，分析及表達能力非常高，而技術水平已漸趨穩定，那麼跟隨兩位教練學習則可以當作交流意見。

不過，如果兩位教練的教學重點完全不同，同時由兩位教練指導是沒有問題的。筆者曾向家長建議，讓她 11 歲的孩子同時跟兩位不同的網球教練訓練：第一位專注改善孩子技術，另一位負責小組訓練，讓該球員跟其他小朋友相處之餘，亦會一起討論比賽策略。由於小組訓練的教練清楚知道該球員已有私人教練提升技術，所以他於課堂中從來不會提及該球員技術上的問題，令該球員清楚了解每位教練的用處。

因此，家長決定聘用多於一位教練前，需要先了解各教練的教學重點，並觀察孩子的分析能力及成熟程度，不能一概而論。

教練篇

:::::::::::::::::::::::::::: 練習一 ::::::::::::::::::::::::::::

訓練／比賽回饋表：

運動員名稱： 日期： 訓練／比賽：		
回饋模式	次數	例子
鼓勵		
責罵		
指導		
反問		
威脅		
質疑		

運動員名稱： 日期： 訓練／比賽：		
回饋模式	次數	例子
鼓勵		
責罵		
指導		
反問		
威脅		
質疑		

以上是一個供教練提升自我意識的教學表，主要希望教練能檢討與運動員交流時的回饋模式、次數及用字。教練可以根據教學表得出一些回饋的數據，從而檢討自己的教學模式與執教理念是否有所偏差，再作調整。

:::::::::::::::::::::::::::: 練習二 ::::::::::::::::::::::::::::

假如教練於訓練班裡有一位調皮的運動員，其負面行為經常影響其他運動員訓練，教練可採取什麼方法應付該位調皮運動員？

_____

_____

_____

_____

教練可參考以下三點進行介入：

• 深入了解運動員的背景及細心留意他平日與訓練時的行為。
• 因應運動員的類型調整練習氣氛。
• 用練習一的「訓練／比賽回饋表」檢討給運動員的回饋方式，從而作出適當調整。

家長篇

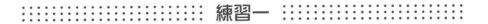 **練習一**

家長可以根據以下數個範疇，注意自己對子女做競技運動的投入程度：

1. 子女參加比賽時，你會否出席？
2. 子女參加比賽時，你會否感到緊張？
3. 如子女比賽成績理想，你會否比他更興奮？如他落敗，你會否比他更失望？
4. 你是否經常關注子女的賽果？
5. 當子女表現欠佳時，你是否覺得「沒面子」？
6. 子女有沒有曾經表示不想令你失望？
7. 有沒有跟子女探討每天去恆常練習，是喜歡還是習慣？
8. 除了金錢上的支持外（包括載他去訓練、讓他到外地參賽、買新的訓練器材外），有否給他情感上的支持（例如不斷的鼓勵、無條件的愛等）？

練習二

家長 A 育有一名 14 歲兒子，經常觀賞他的網球比賽，近日卻發現他經常因對手的不誠實行為而發脾氣，亦因為不能控制個人情緒而輸掉比賽。兒子賽後會表示不想再打網球。雖然家長 A 希望他能夠更上一層樓，但認為做運動應該要開心，所以沒有強迫他繼續打網球。可是，翌日兒子又會自動自覺去練習。家長 A 感到迷惘，不知道兒子經常喊著要放棄的真

正原因。家長Ａ嘗試於家裡跟兒子溝通，兒子表示希望網球技術有進步，其他沒有透露太多。家長Ａ表示兒子性格較內向，話不多，但認為自己跟兒子關係良好。兒子跟朋友關係亦不錯，朋友都非常羨慕他於網球上的成就，並一致認為他有能力走得更遠。

如果你是家長Ａ，你會從何入手？試寫下你的想法。

_____

_____

_____

_____

分析：

這有可能是年輕人踏入青春期時經常遇到的「身份認同」問題。年輕人在尋求身份認同的過程中，注重自我形象、重視朋輩認同，兒子並沒有立刻放棄網球，可能是擔心「網球員身份」會離他而去。兒子近日運動成績未如理想，他為此感到沮喪，或感到迷惘。雖然以上情況較普遍出現於高水平的運動員之中，但其實每一個注重個人運動表現的運動員都有機會出現此情況。

有些運動員亦會認為做運動已變成習慣，停止訓練即前功盡廢，所以才會繼續。我們會把這些歸納為「外在動機」，意思是運動員不是由心喜歡運動，而是被外來因素驅使他繼續。

建議：

可以鼓勵兒子注意並接納自己網球以外的特點，家長不妨從家裡做起，栽培他網球以外的興趣，例如音樂、烹飪，甚至是一項新的運動，盡量令他於生活中找到平衡。

至於網球方面，可以協助他找出有進步空間的地方，例如縮短在比賽中發脾氣的時間，加強控制情緒的能力。若兒子真的有改善，可稱讚及嘉許他這是負責任的行為，給予他「正面回饋」。若兒子成績未如理想，可以參考這一節中「當孩子表現不好，家長應說什麼？」的內容，給予適當的回饋。

另外，由於很多運動員會擔心中止訓練／現在放棄就會前功盡廢，家長可以跟子女探討並仿效其他高水平運動員的做法。例如很多運動員碰上瓶頸位時，會選擇暫停該運動的訓練（暫停時間因人而異，可以是兩星期到一年不等），期間可接觸新運動，能維持體能之餘，亦能用到身體其他不常用的肌肉，並可從新運動中有所領悟。許多美國游泳運動員於假期中會學打泰拳，提升爆炸力，或做瑜伽，增加身體柔軟度，放假後成績均有所提升。有些運動員甚至發現自己在新運動方面的潛質，繼而轉投新運動，闖出另一片天。

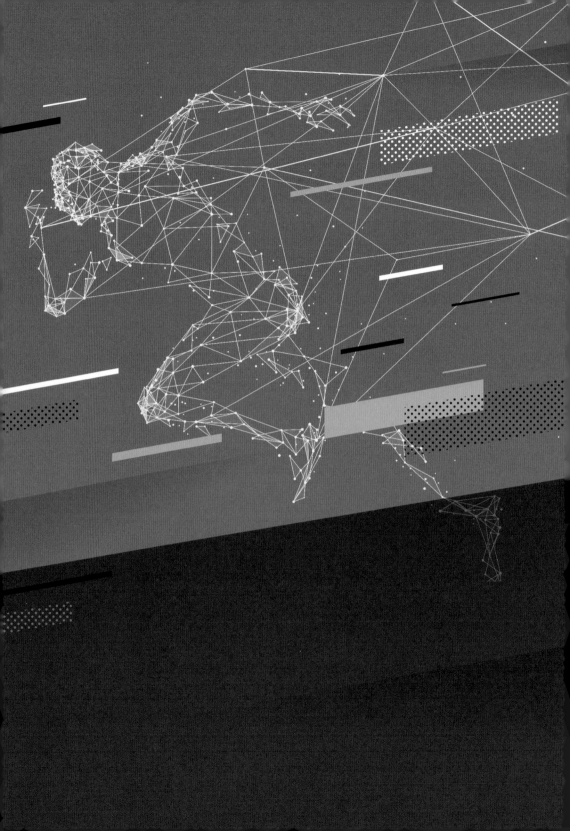

第六章

運動與正向青年發展的關係

看完這個章節，你將會明白：

運動如何建立個人品格

- 全人發展
- 淺談 TPSR：「個人與社會責任」課程
  - 五個責任等級
  - 評估與檢討
  - TPSR 的發展
  - 青年發展建議

第一節
從運動發展良好品格

「運動心理學」的研究範圍十分廣泛，運動學者及相關專家對它持有不同觀點。除了前文提及的心理技能訓練及體適能心理學外，全人（well-being）發展與運動的關係也漸漸被專家視為運動心理學的領域之一。一個較普及化的全人發展理念是運動帶來的好處：運動有益身心，能夠培養正向人生觀和良好品格。

可是，做運動一定能培養良好品格這個說法，好像有點過於偏頗。

世界上確實有許多一級運動員都擁有良好品格，例如獲得 16 次世界冠軍的職業摔角選手希南（John Cena）是歷史上第一位在 Make-A-Wish 基金會為 500 個患有嚴重疾病的兒童實現願望的名人。前皇家馬德里足球會王牌球員朗拿度（Cristiano Ronaldo）賣掉價值 150 萬歐羅的金靴資助加沙地帶的孩子，此外，他為避免交叉感染而堅決不紋身，目的是定期捐血給有需要人士。不過，體壇上亦有一些品格不良的運動員，例如前費城 76 人「惡漢」巴克利（Charles Barkley）於 1991 年咒罵觀眾並吐口水被罰款及停賽；前湖人球星高比拜仁（Kobe Bryant）於 2001 年因以反同性戀言詞罵球證，被罰款 10 萬美元；美國職業棒球大聯盟的全壘打球星邦茲（Barry Bonds）於 2013 年服用禁藥及妨礙司法公正被判居家監禁 30 天；為取得出線機會而陷害對手克里根（Nancy Kerrigan）的美國花樣滑

冰選手哈定（Tonya Harding），被傳媒狠批「無視公平、良好的體育精神及道德行為」，最終被美國滑冰協會作出終身禁賽的處分。

體育不一定能培養出品格良好的運動員，品格還是需要透過其他途徑塑造出來的。

建立個人品格

要知道如何培養良好品格，我們要先了解建立個人品格的過程。人從小會透過觀察和教誨，從家人、老師、朋友身上學習到哪些行為是對的，哪些是不該做的，逐漸形成個人品格。

社會學習方法（social learning approach）是建立品格的其中一種方法。這個方法建基於社會學習理論，意思是人類會因行為的結果而改變自己的行為。以下是一個簡單的生活例子：

根據社會學習理論，人只要經過數次反覆試驗（trial and error），就會漸漸學到晚餐有魚時大哭一場（行為），魚就會被拿走（慾望）。

觀察學習（observational learning）是社會學習理論的其中一個分支，透過觀察他人行為而建立個人品格，與社會學習理論的原理很相似。

上體育課時，老師要同學在運動場跑 20 分鐘，圈數越多越高分	→	同學報數時欺騙老師	→	得到老師的稱讚，體育課總分數亦提升
情況		行為		結果

　　同學 A 上體育課時，發現有同學為了得到好成績向老師誇大跑圈的數目，而老師亦稱讚該名同學的表現。經過多番觀察後，同學 A 慢慢學習到運用欺騙的手法（行為）來換取好成績（慾望）。結果，他便學會跟隨同學欺騙老師。

培養良好品格的方法

　　在學習和觀察過程中，品格的好與壞主要受教練和隊友的行為影響。運動心理學家 Moria Stuart 把構成青少年運動員不道德行為／不良品格的原因分成三大類：

1. 成年人作出的不公平行為（包括教練偏心、裁判不公平的決定、家長好勝心強而給子女添加壓力）
2. 球場上的負面行為（例如對手言語或肢體上的攻擊、違反球場規則）
3. 隊友的負面行為（包括自私、不誠實或不當行為）

　　因此，當教練及體育老師教導青年運動員時，就要注意以下三點：

1. 運動計劃要有「角色模範」（role model）

根據社會學習理論，正面或負面的態度和行為都是透過學習而形成，人會透過重複試驗或觀察學習。年輕運動員容易受教練、體育老師、家長及裁判影響，因此，他們必須以身作則做好榜樣，犯錯時要勇於承擔責任。

在比賽中，許多教練面對裁判的誤判會生氣，甚至抗議。2016 年，在台灣舉辦的 U18 亞洲青年棒球錦標賽中，裁判的誤判使台灣球迷群情激憤。賽後中華隊總教練蔡明堂上前抗議，並表示這會令球員知道教練有在關心比賽。雖然裁判討論後仍維持原判，但教練對球賽結果的態度直接影響球員日後在球場上的態度。從以上例子看，蔡教練如何應對誤判，就會影響運動員下次面對同樣情況時作出的行為。教練是運動員的學習榜樣，因此要時刻注意及反省自己場內場外的行為，以免影響運動員對你的評價，亦避免運動員培養出不良品格。

2. 訂下良好品格的定義

教練應在每個運動計劃／球季開始前與運動員訂下團隊裡良好品格的定義。教練可以把自己對運動員的要求寫下，並跟隊員逐一討論，讓雙方更了解彼此的標準及訂下一套獨有的行為守則。守則可包括運動員有機會面對的道德困局、運動員權利、好與壞的品格標準等，讓運動員明白教練的要求。教練可以與運動員討論一些能夠達成共識的議題，例如比賽中懷疑裁判誤判時，隊員應自己提出上訴，或是由隊長做代表有禮貌地詢問等，令隊員明白怎樣做才是良好品格。

3. 強化（reinforce）及鼓勵良好的品格及行為

　　教練除了要懲罰運動員的不良行為，亦要強化及鼓勵他們的良好行為，因為青少年會透過讚賞而知道哪些是被賞識的行為，繼而重複做而成為習慣，這個亦是呼應以上提及的社會學習理論的做法。如發現運動員經常作出跟裁判對質、不尊重對手、責備自己隊員等負面行為，教練必須作出適當處分；相反，當發現他們即使在比賽中落敗，卻能坦然接受賽事結果、尊重裁決等，教練要給予賞識和獎勵。教練或老師一貫「正面行為不用特別讚，因為這只是做好本分」的說法已經過時，教練面對隊員時，除了作出有建設性的批評外，亦要給予正面評語及鼓勵。

第二節
全人發展

其實早於八、九十年代，美國各州為有效減低青年罪案率，已開始推出正向青年發展計劃，希望協助青年建立正確道德觀；到後期，正向青年發展也成為香港許多大型機構或學校推廣及研究之目標。

到底運動心理學在正向青年發展扮演著什麼樣的角色？坊間的運動計劃聲稱能讓青少年學習及應用不同的人生及價值觀，但我們怎知道它們真的能夠被應用到其他範疇？究竟要怎樣策劃才能令青少年繼續擁有參與運動的動力？這一節主要從運動心理學角度出發，探討正向青年發展及以上議題的關係，供體育老師、教練及對青年發展計劃有興趣者參考。

眾所周知，體育運動能帶給我們正面影響，所以本地體育計劃多不勝數，由讓弱勢社群參與的非牟利運動班到康文署青苗體育訓練計劃不等，主要目的是透過系統化的訓練發掘有潛質的青年運動員，同時亦希望達到青年體育發展另一個重要的宗旨——令參加者學到生活技能（life skills）。世界衛生組織把生活技能定義為人類處理日常生活裡的需求及挑戰的能力，當中包括決策能力、溝通、應對情緒和壓力等。在運動心理學範疇裡，生活技能指在個人成長過程中所需要的社會認知、情感、智力和肢體運用等基本元素。不過，能將運動或體育活動裡學到的技能在學校、家裡及其他範疇應用出來，才算真正擁有生活技能。

舉例説，小孩透過打籃球學懂籃球技術外，更學習到怎樣和其他隊友合作和溝通。他能夠把在籃球上學到的技巧應用到其他生活範圍裡，例如在學校、家裡都懂得和別人合作及建立良好溝通，這才算成功學會生活技能。至今，傳統的運動心理學研究已從運動表現拓展到運動與個人發展的範疇，許多西方國家的運動心理學家已開始建立及計劃一系列的生活技能運動計劃。

為何生活技能這麼重要？

學習生活技能並不是什麼新議題。實施生活技能教育的國家已在世界各地隨處可見，並得到發展及應用。每個國家都有學習生活技能的原因，例如在美國，由於藥物濫用及販毒問題嚴重，老師便通過運動使青少年學會決策能力，令當地輟學和犯罪問題得以改善。在英國，生活技能用來減低虐兒問題；在津巴布韋，教育生活技能令愛滋病毒傳播機會率下降，改善了當地衛生問題。相比起其他國家，這些問題在香港並不算嚴重，但本地青年自殺個案有上升跡象，香港有學童因學業及家庭壓力、時間和財政管理問題、欠缺應付逆境能力等而自殺。發展本地體育及正向青年計劃是現今社會趨勢，藉此了解青少年相關的行為和期望，針對青年人現今面對的挑戰及缺乏的生活技能，令他們活得健康。

社會上的體育發展計劃

正如上述所説，體育運動對參加者的影響取決於教練的教學模式及多方面的教學策略。

相比起數年前，現今體育發展政策已日趨成熟。政府投放更多資源在

社區體育運動文化，運動已變成每一個地區不可或缺的發展項目。精英界除了質素及水平不斷提升外，社會上亦有為非精英卻熱愛運動的青少年而設的計劃，希望讓不同年紀、背景及水平的青少年接觸各類型的運動。近年，大眾都了解到做運動的益處多不勝數，尤其是團體運動，令青少年學懂團體合作、領導、溝通等技巧，因此運動發展計劃越來越多，家長亦鼓勵子女參與不同的運動計劃。

可是，有些人對這些計劃已經定下似是而非的假設，他們認為參加者如果是自願報名，他們本來就已經喜歡做運動，不會輕易放棄或離開活動計劃；如果參加者是被選中（例如由社工轉介或是綜援受助的學生）而參與運動計劃，他們最終會喜歡被安排的運動。其實，一般計劃只是給青少年有更多機會去接觸不同類型的運動，筆者亦見過不少「失敗」（流失率很高）的青少年計劃。不過大家又有否想過，參加者不喜歡該發展計劃或有意退出，原因單單是因為行政失誤，或是運動的趣味性不夠？究竟怎樣才能提升青少年的長期參與？一個計劃要怎樣策劃才能避免學生流失？這跟發展計劃的策略有緊密的關係。

體育培訓班一般聲稱自己的計劃能透過體育活動令學生明白不同的人生觀，學員可以變得更自律及學到堅毅不屈的精神，而教練則會以身作則，讓學員借鑒，希望他們日後能應對社會上不同的挑戰。這裡衍生四個疑問，可供讀者思考：

1. 運動的本質某程度上能夠令參加者學會一些基本的價值觀，但一般情況都缺乏日後應用的機會，所以學生透過現時的計劃能學到真正的「生活技能」，少之又少；

2. 教練是透過什麼途徑傳授價值觀給參加者？從教授技術中傳授？或是單單通過比賽而得到的成敗經驗？

3. 教練雖然接受過正式的技術訓練，但有沒有接受過與青少年接觸及培育生活技能的訓練？

4. 假若學生不再參與計劃，發展計劃進行內部檢討時又怎知道學生放棄的真正原因？

淺談 TPSR：「個人與社會責任」課程

現時香港有很多志願團體開辦青年運動計劃，讓低收入家庭的青少年亦有機會接觸及參與不同類型的運動。可是，發展計劃為數眾多，為何有些計劃能夠長期得到青少年的青睞，有些卻令青少年卻步？如果想讓子女／青少年從計劃中學到更多生活技能，家長或導師該如何選擇運動計劃？

專門研究青少年全人發展的運動心理學家計算過運動員參與每種運動計劃的目的及時間，發現就算一些獨特的運動計劃也不足以提升青少年長期參與的動力（long-term motivation）。以一些為邊緣青年開辦的發展計劃為例，它們主要以「改邪歸正」為核心價值，希望透過運動促進個人成長。然而，有研究指出，部分失敗的計劃都有以下共通點：

1. 計劃只滿足到青年體格上的需要；
2. 計劃負責人會作出所有安排及決定，青少年完全沒有主導權力；
3. 青少年從運動中學到的生活技能不足以應用在其他生活範疇。

前美國海軍艾里森（Don Hellison）由70年代起開始推行一個名為「個人與社會責任」（Teaching Personal and Social Responsibility，簡稱 TPSR）的課程，這是一個透過身體活動促進青少年正面發展的課程。他多年來積極推動 TPSR，並把它引入至當地青年運動發展計劃，其獨特的

計劃架構及模式被全球多個青年團體借鑒及使用，是少數有實際效能、能維持青少年長期動力及令他們有正向改變的計劃。

　　艾里森所訂立的 TPSR 原先是為未受關注或邊緣青年而設計，模式具備明確的課程目標，宗旨是要令學生變得更有個人和社會責任感。課程獨特之處，是其漸進式的學習目標：課程先從運動入手，令青少年了解責任的意義，學會在球場上的責任，再協助他們理解運動過程中的責任，並提升自我與社會責任，從而達到全人的價值。TPSR 的其中一個成功關鍵在於導師在計劃中的角色，因它會隨著時間而改變。發展計劃開首，導師會透過運動直接帶領及領導青少年，到後期就會循序漸進授權（empower）於青少年，意思是讓青少年慢慢掌控及主導學習過程，自行安排活動和做決定。計劃有別於一般「填鴨式教育」，目標是希望青少年能自發性地肩負責任、擔當領導員；導師不是一直指導青少年，而是把授權過程融入在計劃裡，慢慢把責任轉讓給青少年。同時亦給予足夠機會，令他們體驗做決定的感覺及後果。所以艾里森認為真正的名字應該是「Taking Personal and Social Responsibility」，而不是「Teaching」。

　　由於 TPSR 在其他國家非常流行，筆者便用 TPSR 做例子供讀者參考。

TPSR 的五個責任等級

　　艾里森指出要達到全人發展，計劃就要具有教育性質，所以把課程分了五個責任等級（「第 0 級」只屬於艾理森推行計劃前的「無責任」等級），當中包括尊重、合作與努力、自我導向、關懷及領導、轉移到日常生活：

級別	責任等級	行為內容
第0級	無責任感	• 為其行為找藉口和責怪他人，推卸責任 • 無論做了什麼或做錯什麼，都拒絕負個人責任
第1級	尊重	• 控制自己的行為，從情緒中表現出尊重正確行為 • 以和平方式解決衝突 • 學習尊重不同意見且協調衝突 • 增加對人的行為或其他事物的理解
第2級	合作與努力	• 強調協助學生參與活動成為生活的主要部分 • 勇於探討「努力」與「結果」的關係，嘗試新活動，接受挑戰，達到個人成功 • 合作成功嗎？有進步嗎？社會責任存在嗎？
第3級	自我導向	• 在工作及行為上增加責任，使他們能夠更獨立工作 • 將自己的需求及興趣視為一種學習，建立目標，制定達成工作方針及評估進步過程 • 勇於調整現在與未來的需求 • 就算面對壓力，亦保留社會責任
第4級	關懷與領導	• 超越自己，影響別人 • 除期待獎勵外，亦主動提供幫助，表現關心，且發揮同情心 • 給予學生協助他人的學習機會，例如互惠式的教學態度 • 對社區作出貢獻
第5級	轉移到日常生活	• 在其他範疇（例如學校、家裡）也做到以上級別的行為 • 能成為別人的角色典範或榜樣

　　TPSR 模式強調尊重他人、體會他人感受，以及關懷他人，進而建成全人的社會。艾里森認為，在一個充滿尊重及關愛的環境做運動，才會令青少年有動力學習。從 TPSR 模式層級的觀點而言，其內容足以彌補其他運動計劃的不足：

1. 教導學生生活技能和價值觀，而不是單獨教授知識，或滿足他們體格上的需要；

2. 責任逐漸由教師轉移給學生，學生最終成為負責規劃和指導課程的人；

3. 學習生活技能和價值觀的體育活動必須轉移到青少年生活的其他範疇，包括學校、家庭和街頭等；

4. 教師必須尊重學生個性，不分年齡、性別和種族等因素，尊重他們的互相競爭、意見和決策能力。

以上是一個可融入一般體育課程或發展計劃的 TPSR 框架。不過，這個授權過程未必如想像般容易實行，因為人與人之間在學習待人接物方面也有差異，所以青少年未必能按照導師的規劃完成五個責任等級，或是根據特定時序有同等得著。有些青少年可能花了數個月都對計劃完全提不起興趣，然後突然一躍而上，在短時間內表現出獨立思維或領導才能；有些青少年可能剛起步時進步得比其他人快，卻在最後會有停頓或後退的跡象。就像學校裡的精英班一樣，就算大家成績再優異，亦不能排除有些學生學習能力比其他人高，所以導師在推行計劃時要因應學生的需要及進度作出適當調整。美國波特蘭州立大學教授 Walt Manning 曾表示：「你必須公平但不平等地對待他們。」（ "You gotta treat them unequal but fair." ）意思是要尊重及配合學生差異，令課程適合每一位參與的同學。

TPSR 效果評估及檢討

有些導師雖然懂得製造正面的學習環境，跟學員融洽相處，但依然會懷疑自己究竟有否正確地實行計劃。所以如果要監察自己是否在教授 TPSR 內容，先要懂得分配活動時間，把討論及檢討活動撥入計劃裡，同時導師亦要自行檢討，看 TPSR 元素是否融入在活動中，再進行應用。以下是一些導師可以參考的地方：

1. 把每次的運動訓練時間分成五部分

（一）「關懷」時間（跟每位學生對話，希望有更深入的了解）

（二）「自我意識」時間（讓學生了解自己在責任等級上的進度）

（三）活動／運動訓練時間

（四）小組討論（讓學生表達對訓練的意見及提出疑問，令他們知道
　　　意見會被接納）

（五）「自我檢討」時間（這是小組討論的延續，不過重點從課程討論
　　　轉移到個人反思。學生有機會思考自己當天的表現及態度，包
　　　括尊重其他學生、努力參與活動等行為）

2. 實行計劃時必須定期進行檢討會

　　正如上述所說，由於人與人之間在學習、待人接物方面也有差異，導
師於推行課程前，把學生的學習能力、完成各級別的目標時間及需要的資
源三方面逐一計劃，並於級別與級別之間進行檢討，因應情況及學生需要
再作調整。

3. 活動進行時要做的三件事

（一）寫下自己的觀察及感覺；

（二）寫下學生的感受及討論內容；

（三）記錄學生的行為，並判斷他們有沒有在計劃進行中作出任何正
　　　面或負面的改變，例如發現學生受到其他學員不公平對待而作
　　　出肢體上的碰撞、欺負或影響其他學員等負面行為，或是同學
　　　主動協助其他同學了解活動規則、協助導師分組等正面行為。

TPSR 模式在國外的發展

TPSR 在世界各地非常流行，2013 年為止，全球已出版超過九本書、57 篇學術文章，共 168 篇有關 TPSR 的文獻。在亞洲，近年台灣校園霸凌事件層出不窮，促使學校把 TPSR 模式融入到中小學的體育課來培養學生的良好品格。這個課程透過小組運作、師生互動等讓學生達到漸進發展的境界。體育教師不妨嘗試採用 TPSR 這個有效的教學法，使青少年有動力之餘，亦可學習肩負責任。

台灣一所學校設計了一個 TPSR 的課程規劃表，當中選了 31 個性格不同的中二學生參與，有循規蹈矩的、有內向的、有活潑的、有低調的，總課時 22 節，而等級和生活技能都融入在課程當中：

等級	活動	活動目標	等級目標	生活技能目標
第 0 級	拔河	正確掌握拔河技巧	培養責任感	自我控制、接納他人為合作夥伴、尊重各位來練習的權利、和平共處
第 1 級	籃球	透過小組方式得分，教授基本運球、傳球及護球概念	尊重	願意在小組裡擔任不同角色
第 2 級	田徑、排球	田徑：認識心肺耐力、跑步及跳遠姿勢等 排球：學習發球、接發球等基本動作及組合動作	合作	設定適合目標，幫助及鼓勵其他人
第 3 級	桌球	對打練習賽、對打積分比賽	自我導向	自我堅持、不受壓力影響
第 4 級	籃球	結合籃球基本動作，完成分組設計遊戲	關懷與領導	表現合作態度、良好溝通及互動行為，給予同學正面的回饋

課程完結後，研究人員收集所有資料，跟每一個學生進行單獨面談，亦透過問卷了解學生對課程的看法及感受。結果發現，學生的運動技能學習有進步，小組運作討論由被動轉為主動，對課程編排及趣味性感到滿意，只是責任行為存在個別差異，有些同學能仔細地描述課程目的，有些學生卻不能，主要原因是活動時間不足、小組討論或自我反省太倉猝而往往無法完成。

不過，最近研究青年發展計劃的加拿大運動心理學家 Nicholas Holt 及 Zoë Sehn 認為實行類似青年計劃有它的限制。由於一般教練任務已經非常繁重，尤其在學校任教的體育老師要兼顧許多教學以外的工作，所以這個方法對於執教者比較具挑戰性。研究亦指出青年的自我意識比成年人低，前者未必能有效地演繹學習到的生活技能。此外，筆者認為在香港實行該計劃的可行性仍需探討，因為目前在亞洲區只有台灣嘗試實踐，而它的結果未能完全反映計劃的效用。

如何實踐 TPSR 計劃？

若大家細心留意，整個 TPSR 計劃是透過直接跟運動員或學生進行溝通、互動，希望他們學會肩負責任及其他生活技能。2016 年，兩名加拿大學者 Aleksandar Chinkov 和 Nicholas Holt 進行研究，指出「間接」教授亦是一個可行的方案。「間接」的意思是指課程沒有特定安排討論或自我反省時間，而是以一個潛移默化的途徑讓青少年透過運動領悟生活技能。研究人員對這種教學方法有兩項建議：

1. 把生活技能成為執教理念的一部分；
2. 藉著運動啟導學生主動參與個人發展。

實驗中，巴西柔術被選為體育活動的主題。這項武術雖然冷門，但其獨特之處是能自然訓練出人的效率、耐性和自制能力。從定性研究分析，成年人能把生活技能一一應用到自己的工作範疇內，因為尊重、毅力及與別人和諧共處正正是學習巴西柔術所需的特徵。以上研究反映出挑選運動項目都是一門學問，因為它會主宰計劃成功機率。

體育政策要取得成功，就要看導師的工作量、參與度、運動項目的選擇、品格等因素，同時亦要對青少年心理發展有一定認識，因為這會直接影響學生的學習態度、個人發展及生活技能的應用。近期研究亦建議教練創造學習生活技能的氛圍，導師應以身作則，把想傳授的生活技能（例如對人有禮）做好，令學生自然學習及應用，所以，當老師和教練有意去策劃一個完善的青年發展計劃前，應該把以上內容包含在活動範圍內。同時，老師亦要了解學生及 TPSR 計劃的每個單元、自己的教學模式、理念和態度，這樣才能確保青少年對計劃有所得著。因此，在計劃和推行 TPSR 課程前，教練或老師應思考以下問題：

1. 學校／機構裡的青少年有什麼需要？
2. 以往／現在推行的全人發展計劃能否達到全人發展？
3. 學校／機構能否引入 TPSR ？
4. 如把 TPSR 引入，是否真正能迎合青少年發展需要？

筆者亦對執教者有以下建議：

1. 先從提升學生自我意識入手，鼓勵他們通過記錄想法、感覺及行為，培養表達情緒的習慣；
2. 與學生慢慢建立良好關係，例如每天訓練都會跟每位學生打招呼或交流，令他們有被關心的感覺；

3. 實行計劃的學校或組織須考慮到人力資源問題，確保學生及執教者有充分時間完成每個步驟和級別，例如給每個青少年的單獨見面時間、活動時間、級別時間等；

4. 以一至兩年劃分年齡層，設定適合每個年齡階段的活動。

其實推行每個青年計劃都會有一定的挑戰性，但只要執教者以受惠者為中心，詳細研究受惠者的需要，以及可應用的模式，計劃就會發揮到最大效用，而受惠者定能得到寶貴的經驗。

:::::::::::::::::::::::::: **練習一** ::::::::::::::::::::::::::

假如你是一位體育老師，希望在體育課納入 TPSR 元素，（1）你會怎樣設計課堂呢？（2）設計課堂前，有什麼考慮因素？

（1）_____

_____

（2）_____

_____

參考答案：

(1) 課堂設計：

- 每堂選擇一項挑戰，學生需要合力、和平地完成。

- 事前列出應對挑戰所需的生活技能（如處理衝突）。

- 將學生分組，高責任學生跟低責任學生配對，鼓勵高責任學生在課堂中幫助低責任學生。前者可以擔任指導者、教練或拍檔角色，與後者合作完成任務、解決問題，這樣可以促進合作和互助的氛圍。

- 添加反思和討論環節：課程結束前，鼓勵學生進行反思和討論，分享他們對個人和團隊責任的體會和學習。

(2) 需考慮的因素：

- 責任範圍。學生一般責任水平存在差異，老師需先了解班上學生的高低責任水平，再根據他們的能力和需求設計課堂內容和活動。

- 幫助學生發展更高層次的責任感。確保責任感較高或較低的學生都有機會從課堂中發展。對於責任感較高的學生，可以給予更多的自主權和領導機會，讓他們在活動中扮演引導和指導的角色；對責任感較低的學生，可以提供額外的支持和指導，幫助他們理解和承擔更多責任。

附錄

運動心理學於香港及外國的發展概況

運動心理學於香港的發展概況及應用程度

香港運動心理學會
（Hong Kong Society of Sport and Exercise Psychology，簡稱 HKSSEP）

歷史與理念

　　在香港首位運動心理學專家陳展鳴博士及一眾運動心理學學者、專家的共同努力下，香港運動心理學會於 2003 年 10 月成立。學會是本地唯一紮根科研（scientific and evidence-based）及應用運動心理學的機構。它的成立目的在於：

1. 支援和促進運動心理學的研究、應用及推廣；
2. 籌辦和促進運動心理學專題研討會；
3. 促進運動心理學同業及有關人士的溝通；
4. 為會員提供運動心理學方面的相關資訊；
5. 出版運動心理學刊物。

會員背景

　　成立當年，除了由曾經在香港中文大學體育運動科學系任職多年、現任浸信會神學院副教授的陳展鳴博士出任主席外，還有現任香港浸會大學體育及運動學系教授張小燕博士、現任香港體育學院運動心理學部主任及前國際運動心理學會（International Society of Sport Psychology）主席姒剛彥博士、前香港體育學院運動心理中心的兩名專家——李慶珠博士和鄭金枝女士，以及曾於教育局工作的周華博士、周佩瑜博士、陳振權先生、沈劍威教授、曾卓權教授和黃德誠先生。此外學會更成功邀請了張妙清教授、鍾建民先生、李樂詩博士及蕭芳芳女士（MBE）作為名譽贊助人。可見陣容之鼎盛，不乏學術科研及前線應用的翹楚，更有強大的高校及國際網絡。過去十多年，會員申請一直開放給任何對運動心理學有興趣的人士。會員的背景也相當豐富，除運動心理專家及學生外，還有體育記者、體育老師、運動教練及領隊。

創會成員	
創會主席及第二屆主席	陳展鳴博士
首任副主席（會員）	陳振權先生
首任及第二屆司庫	鄭金枝女士
首任副主席（出版）	張小燕博士
首任副主席（組織及活動）	周華博士
首任秘書長	李慶珠博士
成員	周佩瑜博士
成員	潘永強先生
成員	沈劍威博士

成員	姒剛彥博士
成員	曾卓權博士
第二屆副主席（會員）	黃德誠先生
現屆執委會（2021-2025 年）	
主席	李軒宇博士
副主席（課程）	盧綽蘅女士
副主席（會員）	侯爍女士
副主席（宣傳及出版）	黃德誠先生
秘書長	蔣小波先生
司庫	侯爍女士
委員／上屆主席	陳展鳴博士
委員	姒剛彥博士

香港運動心理學會的創會成員和現屆執委會

目前工作

HKSSEP 曾出版會員通訊及網上版期刊，從而分享一些運動心理學的活動及促進本地的學術研究。早年亦曾與香港中文大學校外持續進修中心合辦應用運動心理學公眾課程，自 2022 年起，學會開始與香港嶺南大學持續進修學院合辦課程。課程為對運動心理學有興趣的人士而設，報名反應不俗，不少學員畢業後亦加入 HKSSEP 成為會員。（由於市場的變化及認可資歷的考慮，HKSSEP 正在重新設計課程內容及架構。）

HKSSEP 曾多次舉辦公開講座，例如由陳展鳴博士主講的「教練語言模式」及由姒剛彥博士主講的「奧運會中國運動員心理服務透視」等。近

年 HKSSEP 除了舉辦不同程度的課程給予公眾參加外，小舉辦對外交流活動，跟香港體育學院合辦教練及運動員工作坊，亦曾接待澳門心理學會作專業研討會等。此外，學會領導亦不時代表學會及其工作機構到海外參加亞洲、全球學術會議發表研究成果，或到訪本港不同大專院校推廣運動心理學。

未來發展／動向

發展逾 20 年，HKSSEP 希望未來能夠同時滿足對運動心理學感興趣人士及運動心理學專家的需求，繼續在社區推廣運動心理學的正確應用，以及盡可能滿足教練、運動員及隊伍對運動心理諮詢服務的需求（例如提供服務或專業轉介）。學會亦會致力促進同業的交流及專業發展。學會現屆執委會（2021-2025）已開始籌備探討發展專業認可的可行性，希望市場及同業能夠健康地成長，令受助者和消費者得到保障。

香港和外國的運動心理學會組織

學會名稱	成立年份	會員	附註／出版刊物
英國心理學會：運動心理學分支 British Psychological Society（BPS）– Division of Sport and Exercise Psychology 網址： www.bps.org.uk	1901 年	20,243 名特許成員	出版刊物： *Sport and Exercise Psychology Review*（SEPR）

國際運動心理學會 International Society of Sport Psychology （ISSP） 網址： www.issponline.org	1965 年	會員包括研究人員、心理學家、教育工作者、教練和管理人員、學生和對運動心理學感興趣的運動員	出版刊物： *International Journal of Sport and Exercise Psychology*（IJSEP）
澳洲心理學會：運動心理學 Australian Psychological Society（APS）-College of Sport and Exercise Psychologists 網址： www.psychology.org.au	1966 年	超過 27,000 名會員，是澳洲最大型的非醫療衛生專業組織，而運動心理學院有 221 名成員	出版刊物： *Sport and Exercise Psychology: International Perspectives*
北美洲運動和體育心理學協會 North American Society for the Psychology of Sport and Physical Activity（NASPSPA） 網址： www.naspspa.com	1967 年	擁有 400 名會員（主要來自美加，但也有來自世界各地）	出版刊物： *Journal of Sport & Exercise Psychology*（JSEP） *Journal of Motor Learning and Development*（JMLD）
歐洲運動心理學會 European Federation of Sport Psychology（FEPSAC） 網址： www.fepsac.com	1969 年	擁有 28 名協會成員和小部分個人成員	正在發展一個歐洲的應用運動心理學家認證 出版刊物： *Psychology of Sport and Exercise*

中國體育科學學會運動心理學分會 網址： www.csss.cn	1980 年	學會現有超過 4,000 名個人會員，單位會員超過 180 個，是中國內地最具代表性的運動心理學專業學術組織	出版刊物： 《中國運動醫學雜誌》 《體育科學》
美國應用運動心理學會 Association for Applied Sport Psychology （AASP） 網址： www. appliedsportpsych.org	1985 年	擁有超過 3,000 名來自 50 多個國家的會員，是全球最大同類組織	出版刊物： *Journal of Applied Sport Psychology*（JASP） *Journal of Sport Psychology in Action*（JSPA） 《應用運動心理學研究生課程指南》（*Directory of Graduate Programs in Applied Sport Psychology*） *Case Studies in Sport and Exercise Psychology* *Journal for Advancing Sport Psychology in Research* 運動心理學理事會（Sport Psychology Council）：由 AASP 前主席 Dr. Michael Sachs 於 1990 年代成立的組織，旨在聯繫世界各地的運動心理學組織，透過會議會面促進各組織的合作

美國心理學會：分支 47（運動心理學）American Psychological Association（APA）– Division 47 網址： www.apa.org	1892 年 APA 成立 1986 年分支 47 成立		出版刊物： *Sport, Exercise, and Performance Psychology*
亞洲暨南太平洋運動心理學會 The Asian South-Pacific Association of Sport Psychology（ASPASP） 網址： www.aspasp.org	1989 年	ASPASP 成員來自 25 個國家，包括澳洲、中國、香港、印度、印尼、伊朗、伊拉克、以色列、日本、韓國、澳門、馬來西亞、新西蘭、菲律賓、沙特阿拉伯、新加坡、台灣、泰國和越南的代表	與出版刊物： *Asian Journal of Sport and Exercise Psychology*（*AJSEP*）
台灣運動心理學會 Society for Sport and Exercise Psychology of Taiwan（SSEPT） 網址： www.ssept.org.tw	2000 年	在 Facebook 群組擁有 2,700 名成員，台灣設有本地培訓課程，現擁有約 75 名合資格運動心理諮詢師	出版刊物： 《臺灣運動心理學報》

香港運動心理學會 Hong Kong Society of Sport and Exercise Psychology（HKSSEP） 網址： www.hkssep.org	2003 年	學會現分專業會員 （持運動心理學碩 士以上學位）、學 生會員及普通會 員。專業會員人數 為 17 人	出版刊物： *Hong Kong Journal* *of Sport and Exercise* *Psychology*

（外國學會的中文譯名乃作者翻譯）

參考文獻

Allen, G., Rhind, D., & Koshy, V. (2015). Enablers and barriers for male students transferring life skills from the sports hall into the classroom. *Qualitative Research in Sport, Exercise and Health, 7* (1), 53-67.

American Psychological Association. (2016). Retrieved from http://www.apa.org/

Anokhin, A. P., Golosheykin, S., Grant, J. D., & Heath, A. C. (2010). Heritability of delay discounting in adolescence: A longitudinal twin study. *Behavior Genetics, 41* (2), 175-183.

Asian South-Pacific Association of Sport Psychology. (2016). Retrieved from http://www.aspasp.org/

Associated Press. (1994). Figure skating: U.S. title is taken back from Harding. *New York Times.* Retrieved from http://www.nytimes.com/1994/07/01/sports/figure-skating-us-title-is-taken-back-from-harding.html

Associated Press. (2015). Wish granted! WWE star John Cena to grant 500th Make-A-Wish request. *ESPN News.* Retrieved from http://www.espn.com/espn/story/_/id/13480710/wwe-star-john-cena-grant-milestone-500th-make-wish-request

Association for Applied Sport Psychology. (2016). Retrieved from http://www.appliedsportpsych.org/

Australian Psychological Society. (2016). Retrieved from http://www.psychology.org.au/

Australian Psychological Society. (2016). Sport and exercise psychologists. Retrieved from http://www.psychology.org.au/public/sport

Baltzell, A. L. (2011). *Living in the sweet spot: preparing for performance in sport and life.* Morgantown, WV: Fitness Information Technology.

Bandura, A. (1994). Self-efficacy. In V. S. Ramachaudran (Ed.). *Encyclopedia of human behavior* (Vol. 4, pp. 71-81). New York, NY: Academic Press. (Reprinted in H. Friedman [Ed.]. [1998]. *Encyclopedia of Mental Health.* San Diego, CA: Academic Press).

Bates, C. (2009). Scaling new heights: Piano stairway encourages commuters to ditch the escalators.

Daily Mail UK. Retrieved from http://www.dailymail.co.uk/sciencetech/article-1218944/Scaling-new-heights-Piano-stairway-encourages-commuters-ditch-escalators.html#ixzz5BKmg8qHZ

Bishop, D. T., Karageorghis, C. I., & Loizou, G. (2007). A grounded theory of young tennis players' use of music to manipulate emotional state. *Journal of Sport & Exercise Psychology, 29* (5), 584-607.

Blake, M. (2012). Are Olympic Parents Supportive or Overbearing? *New York Times*. Retrieved from https://www.nytimes.com/roomfordebate/2012/08/02/are-olympic-parents-supportive-or-overbearing

Bresnahan, M. (2011). Lakers' Kobe Bryant is fined $100,000 by NBA for anti-gay slur to referee. *Los Angeles Times*. Retrieved from http://articles.latimes.com/2011/apr/13/sports/la-sp-kobe-bryant-lakers-20110414

British Psychological Society. (2016). Division of sport & exercise psychology conference. Retrieved from http://bps.org.uk/

Burton, D., Naylor, S., & Holliday, B. (2001). Goal setting in sport: Investigating the goal effectiveness paradigm. In R. Singer, H. Hausenblas, & C. Janelle (Eds.). *Handbook of Sport Psychology* (2nd ed., pp.497-528). New York, NY: Wiley.

Carmichael, S. G. (2014). Everything you need to know about giving negative feedback. *Harvard Business Review*. Retrieved from https://hbr.org/2014/06/everything-you-need-to-know-about-negative-feedback

Case, C. (2010). For many Vancouver Olympics athletes, sports psychology is key. *The Christian Science Monitor*. Retrieved from http://www.csmonitor.com/World/Olympics/2010/0222/For-many-Vancouver-Olympics-athletes-sports-psychology-is-key

Chinkov, A. E., & Holt, N. L. (2016). Implicit transfer of life skills through participation in Brazilian Jiu-Jitsu. *Journal of Applied Sport Psychology, 28* (2), 139-153.

Christina, R. W., & Corcos, D. M. (1988). *Coaches guide to teaching sport skills*. Champaign: IL, Human Kinetics.

Cohn, P. (2008). Na's mental strength beats tennis nerves. *Sports Psychology for Tennis*. Retrieved from http://www.sportspsychologytennis.com/na-uses-mental-strength-to-battle-tennis-nerves/

Coulson, C. L., Irwin, C., & Wright, P. M. (2012). Applying Hellison's responsibility model in a youth residential treatment facility: A practical inquiry project. *AGORA para la Educación Física y el Deporte*, *14* (1), 38-54.

Cristiano Ronaldo: The best forward in the world. (2016). *Soccer Plus*. Retrieved from http://www.soccerplus.us/cristiano-ronaldo-the-best-forward-in-the-world/

Edwards, J. K., Young, A., & Nikels, H. (2016). *Handbook of strengths-based clinical practices: Finding common factors*. New York, NY: Routledge.

ESPN.com News Services. (2011). Barry Bonds found guilty of obstruction. *ESPN News*. Retrieved from http://www.espn.com/mlb/news/story?id=6347014

European Federation of Sport Psychology. (2016). Retrieved from http://www.fepsac.com/

Figgins, S., Smith, M., Sellars, C., Greenlees, I., & Knight, C. (2016). "You really could be something quite special": A qualitative exploration of athletes' experiences of being inspired in sport. *Psychology of Sport and Exercise, 24*, 82-91.

Gallagher, D. (2017). Manchester United stars reveal the playlists they will listen to before their clash with Hull and midfielder Bastian Schweinsteiger's love songs may get him some dressing room stick. *Daily Mail UK*. Retrieved from http://www.dailymail.co.uk/sport/football/article-4180486/Manchester-United-stars-reveal-match-day-playlists.html#ixzz5AOxIaUS5

Gollwitzer, P. M. (1999). Implementation intentions: Strong effects of simple plans. *American Psychologist, 54* (7), 493-503.

Gordon, B. (2010). An examination of the responsibility model in a New Zealand secondary school physical education program. *Journal of Teaching in Physical Education, 29* (1), 21-37.

Green, L., & Myerson, J. (2004). A discounting framework for choice with delayed and probabilistic rewards. *Psychological Bulletin*, 130 (5), 769-792.

Gregoire, C. (2014). The brain-training secrets of olympic athletes. Retrieved from http://www.huffingtonpost.com/2014/02/11/mind-hacks-from-olympic-a_n_4747755.html

Hatzigeorgiadis, A., Galanis, E., Zourbanos, N., & Theodorakis, Y. (2014). Self-talk and competitive sport performance. *Journal of Applied Sport Psychology, 26* (1), 82-95.

Hellison, D. (2000). Serving underserved youth through physical activity. In D. Hellison, N. Cutforth, J. Kallusky, T. Martinek, M. Parker, & J. Stiehl (Eds.). *Youth development and physical activity: Linking universities and communities*. Champaign, IL: Human Kinetics.

Hellison, D. (2003). *Teaching responsibility through physical activity* (2nd ed.). Champaign, IL: Human Kinetics.

Hellison, D., & Cutforth, N. (1997). Extended day programs for urban children and youth: From theory to practice. In H. Walberg, O. Reyes, & R. Weissberg (Eds.). *Children and youth: Interdisciplinary perspectives*. Thousand Oaks, CA: Sage.

Hill, D. M., Hanton, S., Matthews, N., & Fleming, S. (2010). Choking in sport: A review. *International Review of Sport and Exercise Psychology, 3* (1), 24-39.

Hodge, K. P. (1989). Character-building in sport: Fact or fiction? *New Zealand Journal of Sports Medicine, 17* (2), 23-25.

Hong Kong Society of Sport & Exercise Psychology. (2016). Retrieved from http://www.hkssep.org/chinese.htm

International Society of Sport Psychology. (2016). Retrieved from http://issponline.org/index.asp

Jacobson, E. (1938). *Progressive relaxation* (2nd ed.). Chicago. IL: University of Chicago Press.

Janssen, J. (2000). *Jeff Janssen's peak performance playbook: 50 drills, activities and ideas to inspire your team, build mental toughness and improve team chemistry*. Cary, NC: Winning the Mental Game.

Jeannerod, M. (1994). The representing brain: Neural correlates of motor intention and imagery. *Behavioral and Brain Sciences, 17* (2), 187-202.

Job profiles: Sport and exercise psychologist. (2016). *Prospects*. Retrieved from https://www.prospects.ac.uk/job-profiles/sport-and-exercise-psychologist

Johnson, U. (2006). Sport Psychology–Past, present and future: The perceptions of Swedish sport psychology students. *Athletic Insight*. Retrieved from http://www.athleticinsight.com/Vol8Iss3/PastPresentFuture.htm

Jones, M. I., & Lavallee, D. (2009). Exploring the life skills needs of British adolescent athletes. *Psychology of Sport and Exercise, 10* (1), 159-167.

Kabat-Zinn, J. (2003). Mindfulness-based stress reduction (MBSR). *Constructivism in the Human Sciences, 8* (2), 73-107.

Kabat-Zinn, J., Beall, B., & Rippe, J. (1985). A systematic mental training program based on mindfulness meditation to optimize performance in collegiate and Olympic rowers. Poster presentation at the 6th World Congress in Sport Psychology.

Karageorghis, C. I., & Terry, P. C. (1997). The psychophysical effects of music in sport and exercise: A review. *Journal of Sport Behavior, 20* (1), 54-68.

Karageorghis, C. I., & Terry, P. C. (2001). The magic of music in movement. *Sport and Medicine Today, 5*, 38-41.

Lazarus, R. S., & Folkman, S. (1984). *Stress, appraisal, and coping*. New York, NY: Springer.

Locke, E. A., & Latham, G. P. (1985). The application of goal setting to sports. *Journal of Sport Psychology, 7* (3), 205-222.

Loehr, J. E., & McLaughlin P. J. (1988). *Mentally tough: The principles of winning at sports applied to winning in business*. Lanham, MD: M. Evans & Company.

Loftus, E. F., & Palmer, J. C. (1974). Reconstruction of automobile destruction: An example of the interaction between language and memory. *Journal of Verbal Learning and Verbal Behavior, 13* (5), 585-589.

London South Bank University Conference. (2014). Olympic diving coach Andy Banks explains his views on sport psychology at LSBU conference. Retrieved from http://www.lsbu.ac.uk/about-us/news/tom-daleys-diving-coach-explains-sport-psychology-lsbu-conference

Marchand, A. (2017). Inside dirt: Aaron Judge has a secret plan to break his slump. Retrieved from http://www.espn.com/mlb/story/_/id/20091290/here-dirt-new-york-yankees-aaron-judge

Martens, R. (2004). *Successful coaching* (3rd ed.). Champaign, IL: Human Kinetics.

Martin, S. B., Akers, A., Jackson, A. W., Wrisberg, C. A., Nelson, L., Leslie, P. J., & Leidig, L. (2001). Male and female athletes' and nonathletes' expectations about sport psychology consulting. *Journal of Applied Sport Psychology, 13* (1), 18-39.

Morin, A. (2015). The 5 biggest myths about mental strength. *Psychology Today*. Retrieved from https://www.psychologytoday.com/us/blog/what-mentally-strong-people-dont-do/201501/the-5-biggest-myths-about-mental-strength

Naylor, A. (2010). *Priming performance: A collection of writings for finding consistent mental toughness*. Boston, MA: Telos Performance Press.

North American Society for the Psychology of Sport and Physical Activity. (2016). Retrieved from http://naspspa.com/

Oettingen, G., & Mayer, D. (2002). The motivating function of thinking about the future: Expectations versus fantasies. *Journal of Personality and Social Psychology, 83* (5), 1198-1212.

Otto, M. W., & Smits, J. A. (2011). *Exercise for mood and anxiety: Proven strategies for overcoming depression and enhancing well-being*. New York, NY: Oxford University Press.

Pates, J., Karageorghis, C. I., Fryer, R., & Maynard, I. (2003). Effects of asynchronous music on flow states and shooting performance among netball players. *Psychology of Sport and Exercise, 4* (4), 415–427.

Pro basketball: Barkley fined and suspended. (1991). *The New York Times*. Retrieved from http://www.nytimes.com/1991/03/29/sports/pro-basketball-barkley-fined-and-suspended.html

Rathi, A. (2016). What sport psychologists do for Olympic athletes that coaches can't. *Quartz*. Retrieved from http://qz.com/753857/for-olympians-to-reach-the-highest-level-they-need-a-sports-psychologist/

Roenigk, A. (2016). Meet the coach who helps Simone Biles, Laurie Hernandez stay mentally strong. *ESPN*. Retrieved from http://www.espn.com/espnw/sports/article/17252340/mental-gymnastics-meet-sports-psychology-coach-keeps-simone-biles-laurie-hernandez-sharp

Rowan, J. (2016). 'Zen Master' Phil Jackson gives meditation book to Knicks. *Yard Barker*. Retrieved from http://www.yardbarker.com/nba/articles/phil_jackson_goes_zen_master_gives_meditation_book_to_knicks/s1_8061_22446322?mb_edition=20161119

Schwartz, T., Gomes, J., & McCarthy C. (2011). *The way we're working isn't working: The four forgotten needs that energize great performance*. New York, NY: Free Press.

Smith, H. W. (1994). *The 10 natural laws of successful time and life management: Proven strategies for increased productivity and inner peace*. New York, NY: Warner Books. Retrieved from Weinberg, R.S. & Gould, D. (2011). *Foundations of sport and exercise psychology* (5th ed.). Champaign, IL:Human Kinetics.

Smith, R. E. (2010). A positive approach to coaching effectiveness and performance enhancement. In J. M. Williams (Ed.). *Applied sport psychology: Personal growth to peak performance* (6th ed.), New York, NY: McGraw-Hill.

Smith, R. E., & Smoll, F. L. (2012). *Sport psychology for youth coaches: Developing champions in sports and life*. Lanham, MD: Rowman & Littlefield Publishers, Inc.

Smoll, F. L., & Schultz, R. W. (1982). Accuracy of rhythmic motor behaviour in response to preferred and nonpreferred tempos. *Journal of Human Movement Studies, 8*, 121-138.

Snyder, C. R., Lopez, S. J., & Pedrotti, J. T. (2011). *Positive psychology: The scientific and practical explorations of human strengths* (2nd ed.). Thousand Oaks, CA: Sage Publications.

Society for Sport and Exercise Psychology of Taiwan. (2016). Retrieved from http://ssept.org.tw

Sommer-Flanagan, J., & Sommers-Flanagan, R. (2004). *Counseling and psychotherapy theories in context and practice: Skills, strategies and techniques*. Hoboken, NJ: John Wiley & Sons, Inc.

Sothmann, M. S., Buckworth, J., Claytor, R. P., Cox, R. H., White-Welkley, J. E., & Dishman, R. K. (1996). Exercise training and the cross-stressor adaptation hypothesis. *Exercise and Sport Sciences Reviews, 24*, 267-287.

Stuart, M. E. (2003). Moral issues in sport: The child's perspective. *Research Quarterly for Exercise and Sport, 74* (4), 445-454.

Swanson, J. (2014). The neurological basis for digital addiction. *The Fix: Addiction and recovery, straight up*. Retrieved from https://www.thefix.com/content/digital-addictions-are-real-addictions

Taylor, J. (2017). Is media use hurting student athletes? The ability to focus is the foundation of so many things related to consistent athletic performance. *The Huffington Post*. Retrieved from http://www.huffingtonpost.com/entry/586d2cdce4b04d7df167d8c7

Thaler, R. H., & Sunstein, C. R. (2009). *Nudge: Improving decisions about health, wealth and happiness*. New York, NY: Penguin Books.

Theodorakis, Y., Weinberg, R., Natsis, P., Douma, I., & Kazakas, P. (2000). The effects of motivational versus instructional self-talk on improving motor performance. *The Sport Psychologist, 14* (3), 253-272.

Vealey, R. (1986). Conceptualization of sport-confidence and competitive orientation: Preliminary investigation and instrument development. *Journal of Sport Psychology, 8* (3), 221-246.

Weinberg, R. S., & Gould, D. (2011). *Foundations of sport and exercise psychology* (5th ed.). Champaign, IL: Human Kinetics.

Weir, K. (2011). The exercise effect. *Monitor on Psychology, 42* (11), 48. Retrieved from http://www.apa.org/monitor/2011/12/exercise.aspx

Wells, C., Collins, D., & Hale, B. (1993). The self-efficacy-performance link in maximum strength performance. *Journal of Sports Sciences, 11* (2), 167-175.

What is the difference between exercise psychology and sport psychology? (2016). *Psychology School Guide*. Retrieved from http://www.psychologyschoolguide.net/guides/what-is-the-difference-between-exercise-psychology-and-sport-psychology/

Willard, C. (2014). *Mindfulness for teen anxiety: A workbook for overcoming anxiety at home, at school & everywhere else*. Oakland, CA: Instant Help Books.

Williams, J. M. (2010). *Applied sport psychology: Personal growth to peak performance* (6th Ed.). New York, NY: McGraw-Hill.

Willis, J. D., & Campbell, L. F. (1992). *Exercise psychology*. Champaign, IL: Human Kinetics.

Wilson, T.D., Wheatley, T., Meyers, J. M., Gilbert, D. T., & Axsom, D. (2000). Focalism: A source of durability bias in affective forecasting. *Journal of Personality and Social Psychology, 78* (5), 821-836.

World Health Organization. (1999). Partners in life skills education: Conclusions from a United Nations inter-agency meeting. Retrieved from http://www.who.int/mental_health/media/en/30.pdf

Wright, P. M., White, K., & Gaebler-Spira, D. (2004). Exploring the relevance of the personal and social responsibility model in adapted physical activity: A collective case study. *Journal of Teaching in Physical Education, 23* (1), 71-87.

Wynne, M. (1984). The mental training of Chuck Norris: An American approach to developing a strong mind. *Black Belt, 22* (5), 70-71.

Zestcott, C. A., Lifshin, U., Helm, P., & Greenberg, J. (2016). He dies, he scores: Evidence that reminders of death motivate improved performance in basketball. *Journal of Sport and Exercise Psychology, 38* (5), 470-480.

〈U18／台韓大戰誤判全民激憤　總教練：棒球的一部分〉。(2016 年)。《三立新聞網》。取自 http://www.setn.com/News.aspx?NewsID=178753。

丁雪琴、殷恆嬋（1997 年）。《運動心理訓練與評價》。北京：文津出版社。

中國體育科學學會運動心理學分會。(2016 年)。取自 http://meeting.csss.cn/cn/xuezu_i_6_p_0.html。

〈言之有里：有一種師徒‧叫沈金康與李慧詩　單車精神的傳承〉。(2016 年)。《明報新聞網》。取自 https://news.mingpao.com/ins/instantnews/web_tc/article/20160817/s00006/1471058845877。

李軒宇（2018 年）。〈心理醫生？運動心理的專業發展〉。體路網上雜誌。取自 https://www.sportsroad.hk/archives/226385。

林靜萍、丁立宇（2013 年）。〈體育課中發展品格──個人與社會責任模式〉。《中等教育》，第 64 卷，第 2 期 ，頁 157-177。

香港心理學會（2018 年）。取自 http://www.hkps.org.hk/。

〈通識教育科課程及評估指引（中四至中六）〉。（2014 年）。課程發展議會及香港考試及評核局。取自 http://334.edb.hkedcity.net/doc/chi/curriculum/LS%20C&A%20Guide_updated_c.pdf。

張鴿子、卜丹冉、姒剛彥（2012 年）。〈以正念接受為基礎的心理干預—— 一種運動員心理訓練的新範式〉。《中國運動醫學雜誌》，第 31 期，頁 1109-1116。

維東（2014 年）。〈正念訓練：一種新興的心理訓練方法〉。《體育資訊網》。《競技體育信息》，第 201402 期。

盧俊宏、廖主民、季力康（2008 年）。《運動社會心理學》（翻譯版）。台北：師大書苑有限公司。

鍾伯光、姒剛彥、張春青（2013 年）。〈正念訓練在運動競技領域應用述評〉。《中國運動醫學雜誌》，第 32 期，頁 65-74。

闕月清（2013 年）。〈體育教學中的品德教育：個人與社會責任模式之源起與發展〉。《中等教育》，第 64 卷，第 2 期，頁 6-14。

顏宛平、掌慶維（2013 年）。〈國中體育課實施個人與社會責任模式之學生經驗〉。《中等教育》，第 64 卷，第 2 期，頁 15-38。

增訂版 運動心理學

建立自信，盡展所長

作者	盧綽蘅
總編輯	葉海旋
編輯	李小媚
書籍設計	TakeEverythingEasy Design Studio
封面相片	www.123rf.com

出版	花千樹出版有限公司
地址	九龍深水埗元州街 290-296 號 1104 室
電郵	info@arcadiapress.com.hk
網址	www.arcadiapress.com.hk

印刷	美雅印刷製本有限公司
初版	2019 年 3 月
增訂版	2024 年 7 月
ISBN	978-988-8789-37-5

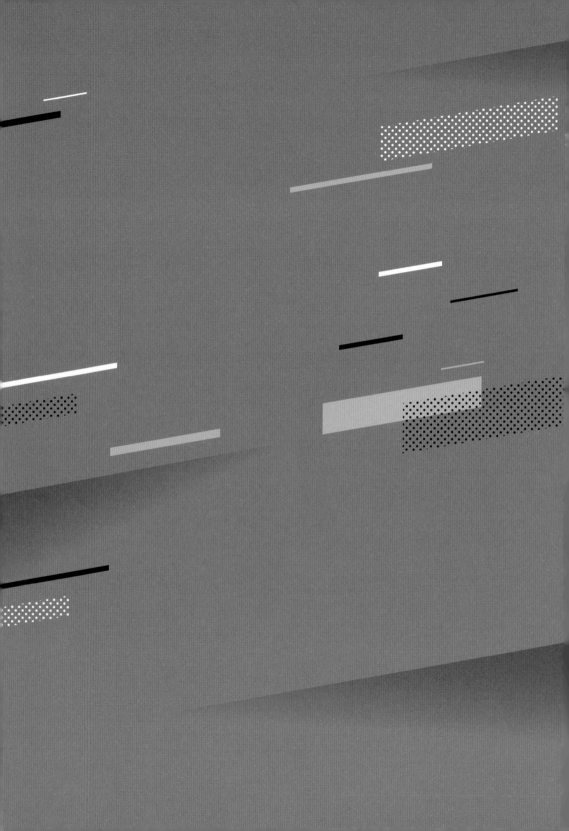